天職・ソウルメイトを引き寄せる「マヤ暦」の教え

# あなたの「生まれてきた目的」がわかれば、奇跡は起きる。

越川《こしかわ》宗亮《そうすけ》

大和出版

# はじめに　誰もがみなミッションをもって生まれてくる

『あなたの生まれてきた目的がわかれば、奇跡は起きる』

などというタイトルをご覧になって、「?」と思われた方もいらっしゃるのではないでしょうか?「別に目的などないし」「そもそも覚えてないし」と。


実はみなさん、ある目的を課せられて生まれてきたのです。

そして、こうした自分のミッションに気づくことで、人生は激変します。

たとえば、こんなふうに。


一生懸命働いているにもかかわらず結果が出せず、満たされない毎日……。

そんな女性が、「人を許し、自分から愛を広げる」という自分のミッションに気づくことで、愛する人を引き寄せ、家庭も仕事も充実し、最高に幸せな日々を送れるようになった。

子育てがひと段落して、虚しさを感じていた専業主婦の女性。「周囲を楽しませ、縁を広げる」という自分のミッションに気づいて、趣味ではじめた料理教室がいつのまにか大盛況、全国からも問い合わせが来るように。

なぜ、こんなふうに、自分のミッションに気づくことで、幸福や成功が手に入るのでしょうか。

詳しくは後述しますが、それは、あなたをバックアップする存在（＝宇宙）を味方につけられるから。宇宙はいつも、あなたが自分の本質に気づき、魂を輝かして生きていくことを願っています。

もしも今、あなたが「人生がうまくいかない」「毎日が退屈」「仕事がつらい」「愛する人に出会えない」「自分ばかりソンをしている気がする」「何もかも思い通りにならない」「人間関係がしんどい」など問題を抱えているとしたら、それは宇宙からの「自分のミッションに気づきなさい」「早く自分の本質を知って、魂を輝かせなさい」というサインなのかもしれません。

自分のミッションに気づくために、絶大な力を発揮するのが本書でお話しする「マヤ暦」です。

「マヤ暦」を学ぶことで、あなたはこんな体験をするでしょう。

・自分のミッションに気づく
・自分の本質がわかる
・宇宙を味方につけられる
・シンクロニシティが起きる

なお、本書は3部構成になっています。

第1部はあなたの誕生日から、あなた自身の「太陽の紋章」を割り出します。

「太陽の紋章」はあなたの本質、そして、ミッションを示しています。

また、あなたがご自身のすばらしい本質に気づき、魂を輝かせるための、3つの「覚醒ポイント」をご用意しました。

「太陽の紋章」は20ありますが、それぞれに、「宇宙とつながる」ためのヒントが隠されています。すべてをご覧になることで、より宇宙を味方につけることができるでしょう。

第2部は「マヤ暦」によるソウルメイトの割り出し方、「太陽の紋章」ごとのパートナーとの関わり方やアプローチ方法を記しました。

第3部は「太陽の紋章」ごとの人間関係についてお伝えしています。

私は12年の間、政財界、芸能界を含め多くの人々に「マヤの叡知」をお伝えしてきました。そして、全国にネットワークをもち、「マヤ暦」によって、人生が好転したり、天職で輝いたり、愛する人と出会い最高の幸せを手に入れたり……あらゆる奇跡を目の当たりにしてきました。

今度はあなたの番です。

本書でこの奇跡を体感してください。

越川宗亮

あなたの「生まれてきた目的」がわかれば、奇跡は起きる。◉もくじ

第1部

# 「マヤ暦」が告げる、あなたの「生まれてきた目的」

## ——ミッションがわかれば、宇宙が味方する

第2部

# 「マヤ暦」でわかる、「ソウルメイト」の引き寄せ方

## ――パートナーと出会えれば、人生はシフトする

第3部

# 「マヤ暦」が指し示す、「人間関係」の築き方
## ――人と向き合うと、あなたの魂が輝き出す

本文デザイン・DTP　斉藤よしのぶ

プロローグ

――宇宙とつながる方法は、生まれた日が教えてくれる

# 人生に奇跡を起こす「マヤの叡知」

# 「マヤ暦」って何？

あなたは「マヤ暦」というと、どんなイメージをもっていますか？

「マヤって古代文明でしょ？　たしかメキシコあたりの」

「そこでつくられた暦ってこと？」

と、ここまではなんとなくご存知の方も多いのではないでしょうか。

「マヤ暦」は４０００年の昔、古代マヤ文明で使われた暦の総称です。

マヤの暦は17〜19種類あるといわれていますが、その中でも私が注目しているのが２６０日サイクルの「ツォルキン暦（神聖暦）」です。これは「儀式暦」とも呼ばれ、マヤの神官が儀式を司るために用いたもの。


**実は、この「ツォルキン暦」にこそ「マヤの叡知」が数多く秘められているのです。**

この本の中では混乱を避けるため、この260日サイクルの「ツォルキン暦」を「マヤ暦」と記させていただきます。ご了承ください。

マヤの人々はこの260日という数字に様々な思いを込めてきました。

また、260は「13」と「20」の倍数ですが、この「13」と「20」にも、大切な意味があります。

私はこの「マヤ暦」と2004年に出合い、多くの人に「マヤ暦」をもとにした「マヤの叡知」を伝えてきました。お伝えした方はみなさん、「自分らしい人生を送られるようになった」「悩みが消えた」「信じられないミラクルがやってきた」と口ぐちにおっしゃいます。そして、「マヤ暦」は口コミや雑誌等に取り上げられて、今では私と志を同じくするアドバイザーは全国で1000人以上、受講生はのべ5万人以上にものぼり、医学界、教育界、政財界、芸能界、スポーツ界、ヒーラーなど多くの方々に喜んでいただいているのです。

「マヤ暦」に触れた人は驚くほどの人生の変化を体験します。

・うつ状態だった主婦が「マヤ暦」を知って、カリスマブロガーに
・将来に希望がもてなかった携帯ショップの店長が「マヤ暦」に従って、建築

業界に転職し大成功
・最愛の夫が出ていってしまった女性は、「マヤ暦」を学び、人生を見つめ直した結果、夫が帰ってきて最高に幸せな夫婦に
・毎日に不満を抱えていたある企業の社長夫人。「マヤ暦」によって、本当の自分に気づき、今では好きな仕事で輝く日々
・婚活に疲れ切ってしまった40代女性。「マヤ暦」を取り入れて、自分を見つめ直し、すばらしい結婚相手にめぐり会った

「あのとき、マヤ暦に出合えてなかったら、今の自分はなかった」

みなさんそうお話ししてくださいます。

そして、学ばれた方はみなさん「マヤ暦」にのめり込み、その多くがアドバイザーとして、周りの方々が「本当の自分」へ戻るサポートをしています。

「マヤ暦」を通じ「本当の自分」に回帰することで、すべての問題を解決することができるのです。

ではなぜ、「マヤ暦」にはこんなにも人生を変える力があるのでしょうか?

# 宇宙はあなたを応援している

ここでちょっと宇宙のカラクリについて触れてみたいと思います。

宇宙、というと「なんかアヤシイ」と思われるかもしれません。

大いなる命の源、とでもいいましょうか。

とにかく、私たちひとりひとりを応援してくれる存在がいます。

それを総称して「宇宙」と呼ぶことにしましょう。

宇宙は私たちが本当の自分を生き、人生を輝かせることを望んでいます。

だから、私たちは宇宙とつながることさえできれば、ありとあらゆるサポートを受け取ることができるのです。

たとえば、「シンクロニシティ」という言葉をご存知でしょうか?

みなさんにも経験があるでしょう。

・会いたいな、と思った瞬間に、その人から連絡が入る
・やりたいと思っていた仕事のオファーを受ける
・買おうと思っていた本をプレゼントされる

……こうした、「願ったことがグッドタイミングで見事にかなってしまう」という出来事。これがシンクロニシティです。

**実はこのシンクロニシティこそが宇宙からのサポート。宇宙とつながると、こうしたシンクロニシティがひんぱんに起こるようになります。**


そして、結果的に、人生は予想以上に大きく拓《ひら》けていくわけです。

「マヤ暦」はかつて、古代マヤの神官によって、神事に活用されてきました。神（すなわち、宇宙）とつながるための手段、それが「マヤ暦」だったのです。

この暦が私たちに伝えてくれるのは、宇宙のリズムです。

マヤの人たちは「マヤ暦」を使って、宇宙のリズムと共鳴し、シンクロニシティやミラクルと共に生きていたのです。

私たちは現在、１５８２年にローマ教皇グレゴリウス13世によって制定された「グレゴリオ暦」（西暦）を使っています。

物質中心主義の中で、宇宙にサポートされず、日々奮闘しているにもかかわらず、心の充足感を得られない……。そんな現代社会になってしまった元凶は「グレゴリオ暦」にあると思っています。

だから今、大切なのは「グレゴリオ暦」のリズムを「マヤ暦」のリズムに変えること。１年３６５日のリズムで生きる以上に、２６０日周期を意識して生きる。そうすることで、私たちは「宇宙と共鳴するリズム」を取り戻し、深遠なる歓喜の波に乗ることができるのです。

もうひとつ、宇宙とつながるためにもっと有効な方法があります。

**それは、自分が生まれてきた「本当の目的」を知ること。**

宇宙はあなたが、「生まれてきた本当の目的」に気づいたとき、そして、そこに向かって歩き出したとき、すばらしい恩寵を注いでくれます。

# 生まれながらのミッションとは？

「生まれてきた目的って？　生まれてくることに何か特別な目的があるの？」と疑問をもたれたかもしれませんね。

ここで確認したいのは「死生観」についてです。様々な考えがありますが、「肉体の生命が尽きても、魂は永遠に生きる」という考え方があります。

この「人は死なない」という考え方は、マヤをはじめ、様々な先住民の死へ向かう姿勢を学んでいくと、頻繁《ひんぱん》に目の当たりにするでしょう。

「人は死なない」という死生観には次のような考え方が含まれます。

**人間はミッション（課題）をもって地上に生まれて来ますが、それが果たされない場合は、またミッションを課せられ、別な肉体をもって、その魂は再び地上にやって来る。**

「愛について学んできなさい」

「チャレンジすることの大切さをみんなに伝えて来なさい」

そんなふうに。


**この自分のミッション、すなわち「生まれてきた目的」に気づき、それにそって生きると、宇宙から応援される人生になります。**


「小さい頃から『キャリアウーマンを目指せ』といわれてがんばってきたけど、体を壊してしまって。心のおもむくままに主婦になって、子育てにエネルギーを注いだら、なぜかいいことばかり起こって、しかも病気も治ってしまった」

「安定した仕事がいいと思って公務員になったけれど毎日がつらくて。やっぱりやりたいことをしよう、大好きなお花で周りを幸せにしようと花屋を開業したら、大成功してしまった」

そんなふうに、自分のミッションにそって生きることを始めた人には、シンクロニシティが起こったり、チャンスがめぐってきたりするのです。

逆に気づけない人には、宇宙は必死でサインを送ります。

それは、リストラや失恋、病気や怪我など、荒療治もあるでしょう。

しかしそれもまた、あなたに「生まれてきた目的（ミッション）」に気づいてほしい、という宇宙の配慮なのです。もしも今、あなたが、

・シンクロニシティもチャンスもやってこない
・やりたいことがわからない
・毎日に充実感をもてない
・自分はこのままじゃいけないような気がする
・愛する人に出会えなくて、孤独を感じる
・将来が漠然と不安だ
・人生を変えたいけど、どうしていいかわからない

そんな気持ちでいるなら、ひょっとしたら「生まれてきた目的」に気づけていないのかもしれません。

ではどうしたら、「生まれてきた目的」に気づけるのか。

そこで「マヤ暦」はすばらしい力を発揮するのです。

## 「マヤ暦」でわかる「生まれてきた目的」

人は新たに地上に誕生するとき、「目的（ミッション）」をもって生まれてくる、とお話ししました。それが何であるかは、その人の「生まれきた日」が目安となります。マヤでは260日、地球上に毎日それぞれ別のエネルギー（氣）が流れると考えられています。

**毎日ちがうエネルギーが流れる中、「自分が生まれた瞬間、どんなエネルギーが流れていたのか」で、「生まれてきた目的」がある程度わかるのです。**

なぜなら、人間は生まれた瞬間、その日のエネルギーを胸いっぱい吸い込むから。そのときのエネルギーこそがあなたの本質に大きく影響を及ぼします。

「マヤの叡知」の極みともいえる「ツォルキン暦」（本書では「マヤ暦」と表記）は、260の「KINナンバー」で成り立っていますが、この生まれた日のエネルギーがそれぞれ、このKINナンバーとして示されます（「KIN」とは「ひとり」「1日」を表す単位です）。

**そして、この260のKINナンバーは20の「太陽の紋章」に分けられます。**

「赤い龍」「白い風」「青い夜」「黄色い種」「赤い蛇」「白い世界の橋渡し」「青い手」「黄色い星」「赤い月」「白い犬」「青い猿」「黄色い人」「赤い空歩く人」「白い魔法使い」「青い鷲」「黄色い戦士」「赤い地球」「白い鏡」「青い嵐」「黄色い太陽」……この不思議な言葉で示されるのが「太陽の紋章」。

**そして、この「太陽の紋章」が、あなたの「本質」そして、「生まれてきた目的」を解く鍵になるのです。**

「マヤ暦」には「太陽の紋章」以外にも「ウェイブ・スペル」「銀河の音」など、

様々な要素がありますが、とくに本書では「太陽の紋章」に焦点を絞り、個人の本質を掘り下げていきます。

「太陽の紋章」は基本的に「神（宇宙）の意識」を表しています。ひとりひとりが神（宇宙）の本質の一部（ここでは20分の1）をもって生まれて来たということを意味しているのです。そのため、これを知ると、「自分のDNAに秘められた才能」「役割」などの一端がかいま見えてきます。

どちらかといえば、「ウェイブ・スペル」や「銀河の音」は人生全体の「流れ」の中での「タイミング」や「自分の立ち位置」を示したもので、あくまでも「個人の本質」を知るためには「太陽の紋章」に注目することが最短距離といえるでしょう。

このような経緯から「太陽の紋章」に焦点を絞って見ていくことにします。

**「太陽の紋章」はあなたの人生にとって、灯台の明かりのようなもの。**

「太陽の紋章」が指し示す方向に向かうことで、「生まれてきた目的」に気づき、宇宙とつながり、感動の毎日を手にできるのです。

# あなたの魂を磨く「マヤの叡知」

次の章からさっそく、あなたのKINナンバーと「太陽の紋章」を割り出していきます。そして、それぞれの「太陽の紋章」ごとに「生まれてきた目的」を解き明かしていきましょう。

このときに気をつけてほしいことが2つあります。

## ポイント1　人生に吉凶なし　すべては解釈で決まる

「マヤ暦」はあくまでツール（道具）です。私はこれほど精度抜群のツールにいまだかつて出合ったことがありません。ただツールということは、使う人の力量や動機でどうにでもなるということです。

「占い」として使用することも可能です。ここで個人的な見解を少し記したいと思います。

私は「占い」として使用することに賛同できません。

そもそも人はあらゆる場面で、目安や方向性、あるいは判断を必要とします。

そこに「占い」のニーズが生まれるのではないでしょうか。

しかし「占い」に依存しすぎると、先入観や偏見、思い込みで判断するということになりかねません。また「占い」である以上、「今は幸せか」「それとも不幸か」という吉凶の考え方でものごとを判断してしまうでしょう。

**吉凶は、どの期間を切り取って考えるか、あるいは解釈ひとつ、感じ方ひとつで全くちがったものになります。**

「占い」は学問としては興味深く、深遠なる領域を照らすことも大いにありますが、こうした注意点をしっかり押さえておく必要はあるでしょう。

物事の判断をするときに、「占い」よりも大切なことがあるということを認識しておきたいと思います。本来、人間は迷ったときに、自分の感覚だけで、的を射た答えを受け取ることができたのです。

ところが、我欲と他者からの評価を過度に気にしてしまい、「偽りの自分」を生きるようになって、こうした能力を見失ってしまったのです。

エゴを外し「本当の自分」に向かうこと。

愛と思いやりを深めること。

様々な出来事を通して「魂の覚醒」がなされ、「本当の自分」で生きることこそもっとも大切なことではないでしょうか。

こうした「マヤの叡知」を「マヤ暦」を通じ学ぶことで、目の前の出来事に対する解釈や感じ方が驚くほど変わり、自らの成長を実感できるようになるでしょう。

## ポイント2　すべての紋章を知ることで「本当の自分」を知る

自分の「太陽の紋章」がわかったら、そこを読んで終わりにしてしまう方もいるのではないでしょうか。

「太陽の紋章」は先ほども記したように、「神（宇宙）の意識」です。そのため20の紋章を学ぶことは、深遠で強烈なエネルギーに触れることになるのです。

すると、多くの気づきを得るでしょう。

紋章ひとつひとつには、魂を磨くための叡知が秘められています。

すべての紋章について読むことで、あなたは宇宙とつながるためのヒントを手に入れることができるのです。


生まれてきた目的を知り、魂を磨き、宇宙とつながっていく過程で、あなたは数多くのプレゼントを受け取るようになります。

たとえば、こんなことが起こります。

1 出会いが変わる
2 シンクロニシティが起きる
3 視野が広がり、ゆとりが生まれる
4 人間関係が変わる
5 経済的にも豊かになる
6 今に集中できるようになる
7 他人と比較しなくなる

8　怒りや焦りなどネガティブな感情が激減する
9　他人に対してオープンハートになれる
10　毎日が感動に包まれる

変化はこれだけではありません。
あとはご自身で体験してみてください。
それでは、人生に奇跡を起こす旅に、出かけましょう。

第1部

——ミッションがわかれば、宇宙が味方する

# 「マヤ暦」が告げる、あなたの「生まれてきた目的」

# あなたの「太陽の紋章」は何？

さて、この章では実際に「太陽の紋章」を割り出して、あなたの「生まれてきた目的」を読み解いていきましょう。まずは巻末165ページからの表を使って、自分の生年月日からKINナンバーを割り出してみます。表の左上の数字は西暦です。自分の西暦の表を探したら、生まれた月と日がぶつかるところの数字を見てください。これがKINナンバーです。

たとえば、1971年6月5日生まれのAさんでしたら、169ページ下段の1971年の6月と5日がぶつかるところにある123という数字がKINナンバー。自分のKINナンバーがわかったら、早速書き込んでみましょう。

あなたのKINナンバー＝

割り出したKINナンバーを35ページの「ツォルキン表」と照らし合わせてください。この「ツォルキン表」を使い、あらゆることをひもといていきます。

縦軸の「赤い龍」「白い風」などが「太陽の紋章」、表の中の数字がKINナンバーです。表の中から自分のKINナンバーを探し、左にある言葉（太陽の紋章）を確認してください。

たとえば、先ほどのAさんでしたら、KINナンバー123ですから、「太陽の紋章」は「青い夜」ですね。36ページから紋章ごとに「生まれてきた目的」について解説していますのでご覧ください。

もちろん最初は自分の紋章の場所から読んでもOKです。しかし、プロローグでもお話ししましたが、「魂の覚醒」のためにぜひ20あるすべての紋章についてご覧になることをおすすめします。

またマヤのあいさつ言葉に「イン・ラケッチ（わたしはもうひとりのあなたです）」があります。「マヤ暦」の根底には、この「イン・ラケッチ」の精神が流れているのです。

この視点からすると、「あなたを知ることは、わたしを知ること」ということになります。自分の「太陽の紋章」をより深く理解するためには、他の紋章を学び、ちがいを知ることが大きな手助けとなります。

ここでもうひとつ、よくある質問について記しておきましょう。

「では誕生日が同じ人はすべて同じ目的をもっているのか？」

「双子は、誕生日が一緒でも性格や能力はかなりちがうのではないか？」

というものです。

誕生日が同じということは、もちろん同じＫＩＮナンバーになります。

しかし、同じＫＩＮナンバーでも、能力や性格にはかなりのちがいがあるのです。

育った環境や様々な影響から、必要以上に自分を抑えたりすると、「本当の自分」が表に出てきません。

同じＫＩＮナンバーと思えないほどです。

ただし、人生の傾向やミッションについていえば、同じＫＩＮナンバーをもつ人同士は重なる部分が大きいと思います。

これは、数万人という方々と実際に会い、検証を重ねてきた私が確信をもっていえることです。

# ツォルキン表

| | | | | | | | | | | | | | |
|---|---|---|---|---|---|---|---|---|---|---|---|---|---|
| 赤い龍 | 1 | 21 | 41 | 61 | 81 | 101 | 121 | 141 | 161 | 181 | 201 | 221 | 241 |
| 白い風 | 2 | 22 | 42 | 62 | 82 | 102 | 122 | 142 | 162 | 182 | 202 | 222 | 242 |
| 青い夜 | 3 | 23 | 43 | 63 | 83 | 103 | 123 | 143 | 163 | 183 | 203 | 223 | 243 |
| 黄色い種 | 4 | 24 | 44 | 64 | 84 | 104 | 124 | 144 | 164 | 184 | 204 | 224 | 244 |
| 赤い蛇 | 5 | 25 | 45 | 65 | 85 | 105 | 125 | 145 | 165 | 185 | 205 | 225 | 245 |
| 白い世界の橋渡し | 6 | 26 | 46 | 66 | 86 | 106 | 126 | 146 | 166 | 186 | 206 | 226 | 246 |
| 青い手 | 7 | 27 | 47 | 67 | 87 | 107 | 127 | 147 | 167 | 187 | 207 | 227 | 247 |
| 黄色い星 | 8 | 28 | 48 | 68 | 88 | 108 | 128 | 148 | 168 | 188 | 208 | 228 | 248 |
| 赤い月 | 9 | 29 | 49 | 69 | 89 | 109 | 129 | 149 | 169 | 189 | 209 | 229 | 249 |
| 白い犬 | 10 | 30 | 50 | 70 | 90 | 110 | 130 | 150 | 170 | 190 | 210 | 230 | 250 |
| 青い猿 | 11 | 31 | 51 | 71 | 91 | 111 | 131 | 151 | 171 | 191 | 211 | 231 | 251 |
| 黄色い人 | 12 | 32 | 52 | 72 | 92 | 112 | 132 | 152 | 172 | 192 | 212 | 232 | 252 |
| 赤い空歩く人 | 13 | 33 | 53 | 73 | 93 | 113 | 133 | 153 | 173 | 193 | 213 | 233 | 253 |
| 白い魔法使い | 14 | 34 | 54 | 74 | 94 | 114 | 134 | 154 | 174 | 194 | 214 | 234 | 254 |
| 青い鷲 | 15 | 35 | 55 | 75 | 95 | 115 | 135 | 155 | 175 | 195 | 215 | 235 | 255 |
| 黄色い戦士 | 16 | 36 | 56 | 76 | 96 | 116 | 136 | 156 | 176 | 196 | 216 | 236 | 256 |
| 赤い地球 | 17 | 37 | 57 | 77 | 97 | 117 | 137 | 157 | 177 | 197 | 217 | 237 | 257 |
| 白い鏡 | 18 | 38 | 58 | 78 | 98 | 118 | 138 | 158 | 178 | 198 | 218 | 238 | 258 |
| 青い嵐 | 19 | 39 | 59 | 79 | 99 | 119 | 139 | 159 | 179 | 199 | 219 | 239 | 259 |
| 黄色い太陽 | 20 | 40 | 60 | 80 | 100 | 120 | 140 | 160 | 180 | 200 | 220 | 240 | 260 |

# 1 赤い龍 命の大切さを実感する

「人間の命は奇跡の連続の上に成り立っている」といわれています。

ひとつの生命細胞が生まれる確率は、1億円の宝くじに100万回続けて当たるような確率とか……。これを頭ではなく、ハートで実感できれば、それだけで感動の毎日がやってくるでしょう。

そして、「存在（being）」そのものに大いなる価値があり、様々な「行動（doing）」や「結果（having）」などで価値が変わることはないと気づくこと。貴重な存在であるあなただからこそ、宇宙は必要なものを与えてくれるのです。

「赤い龍」の紋章をもつあなたは、そうした「存在のすばらしさ」「宇宙の愛」を信頼することで運命が拓けます。「自分はすばらしい存在であり、必要なものはすでに十分にいただいている」と心からそう思えると、すべての「問題」が一気に解消・解決へ向かうでしょう。

## 覚醒ポイント　大事なものはすでにいただいていると気づく

「なかなか、そうは思えない！」と感じる場合、この感覚を掘り下げてみると、それは他者との比較からきていることが多いでしょう。比較は、ゆがみ、ひずみを生む大きな要因となります。

人生は「魂の覚醒の旅」です。人それぞれに覚醒する道のりがあるので、他人と比べてもしかたがありません。誰かと比べてどうか、ではなく、あなたの現状は、あなたの魂の進化、覚醒に最もふさわしい環境が準備されていると思い直してみてはいかがでしょうか。

あなたの旅は、現状を受け入れるところから始まります。一見、環境に良し悪しがあるように見えても、「魂の覚醒の旅」としては、誰もが同じスタートラインに立っているといえるのです。

## 覚醒のポイント　他人と比べない

仕事は存在、生命の大切さを実感できる医療従事者を多く見かけます。また、20のうち1番目の紋章である「赤い龍」には、「立ち上げる力」があるため、起業などで才能を発揮します。勢いとパワーに満ちていますが、それほど計画を重視するタイプではありません。計画的に仕事を進める仕組みづくりや計画性のあるメンバーを用いることが成果を出す秘訣です。また、もともと人望があるのですが、プライドが顔を出すとトラブルのもとになります。多くの人々に「支えられている」ことを忘れないでください。

## 覚醒のポイント　支えてもらっていることに感謝する

自分はすばらしい存在であり、宇宙の愛に支えられていると気づいていく——あなたの「人生の目的」は、すべてが愛で成り立っていることを信頼し、理解することにあるのです。

**マヤの叡知　「宇宙には愛しか存在しない」と信じる**

# 2 白い風 大切なメッセージを伝える

怒り、嫉妬、不安など、嫌な気持ちがたまると、モチベーションやエネルギーが低下します。そして、宇宙とのつながりが途切れてしまい、人生の流れが滞ってしまう……農家に嫁いだある女性も、そんな状態でした。

夫や姑に対して、「あなたは何もしてくれない」「お義母さんはわかってくれない」と心の中で責めながら、口に出せない日々。

うつ状態になり、人生を変えたいと思った彼女は、「マヤ暦」に出合い、自分の気質に気づき、まずは日記に自分の気持ちを書くことから始めました。

そのうちに自分の気持ちが整理され、それを伝えられるようになったそうです。彼女が気をつけたのは、主語を「あなた」ではなく「私」で話すこと。

「あなたは何もしてくれない」ではなく、「私はこれを願っている」。

「お義母さんはわかってくれない」ではなく、「私はこう思っている」。

「私は」を主語にして話すやり方はアサーションといって、相手の共感を引き出します。家族に自分の気持ちをわかってもらえた彼女は、すっかり元気になって、人生のきらめきを取り戻しました。彼女の紋章は「白い風」です。

「白い風」の紋章をもつ人は、メッセンジャー。大切なメッセージを伝えるためにやってきました。北原白秋、宮崎駿、長渕剛など表現者に多い紋章です。メッセージを伝え、相手の共感を引き出した瞬間、力を発揮します。

## 覚醒ポイント　自分の気持ちを伝える

虚勢をはってしまうこともありますが、実はとても繊細な人。霊感も強く、スピリチュアルに目覚める人も多いでしょう。自分の表のイメージと内側の繊細さのギャップに苦しんでしまうなら、怖れず相手に気持ちを伝えましょう。相手に少しでも認められることで、傷が癒えてきます。思いを溜めるのではなく、循環させることですべてが好転します。

## 覚醒ポイント　存在を認められたときの心地よさを思い出す

自分の気持ちを伝える練習として、日記やブログなどを書いてみるのもいいでしょう。表現力があるので、気持ちを歌詞にするのも効果的。気持ちをレポートするより、何か作品に昇華させることで、才能が花開くタイプです。また、傷つきやすいわりには、自分の傷に気づけない傾向があります。自分の傷を知るためにも、積極的に気持ちを言葉にしていくことです。

自分の傷に気づくと、他人の痛みにもさらに共感できるようになります。共感し思いやりを育む。その過程の中で、あなたの魂は磨かれていくでしょう。

## 覚醒ポイント　「共感」することで、思いやりを育む

自分の傷に気づき、相手の痛みを知る。気持ちを伝え、共感を引き出す――あなたの「人生の目的」は世界に大切なメッセージを伝えることにあるのです。

**マヤの叡知　気持ちを伝えることがコミュニケーションの本質**

# 3 青い夜 多くの人に夢や希望を届ける

輸入会社を起こして成功する、子供の頃からの歌手になる夢を叶える、作家になってベストセラーを出す……夢にはたくさんの種類がありますが、実は宇宙が応援しやすい夢と応援しにくい夢があるのです。

ちがいは「その夢が『我欲』から出たものか、『志』から出発したものか」。

たとえば、自分が儲かりたいから会社を起こすのか、それとも海外の素敵なものを紹介して周りを幸せにしたいから会社を起こすのか。

自分が注目されたいから歌手になるのか、それとも生まれもった才能を使って、周りに喜んでもらいたいから歌手になるのか。

それによって、結果には雲泥の差がつくでしょう。

「青い夜」の紋章をもつあなたは、多くの人に夢や希望を届けるためにやってきました。「自分のため」ではなく「多くの人のため」という意識をもったとき、あなたの能力は活性化されます。

## 覚醒ポイント　「夢や希望を届ける」という意識をもつ

周りの人のため、とはいえ、周りと合わせる必要はありません。

あくまでも「自分が本当に好きなこと」を探してください。

他人と比較したり、合わせてしまったりすることで、「自分のやりたいこと」を見失いがちなあなた。しかし、いったん「やりたいこと」が定まったら、睡眠もとらずに没頭してしまうような、すごいパワーを発揮します。

そのように自分の「好きなこと」を追求していくあなたの姿が、それだけで周りの人の心を豊かにしていくのです。

自分がただ「好き」だと思ってやってきたことが、周りの人に夢や希望、そして勇気を届けていた……そのことに気づいたとき、自分の心もまた豊かになっていることを実感するでしょう。

## 覚醒ポイント　自分の夢に挑戦する

もしも、やりたいことが見つからなかったら、まずは、小さい目標を立てて、それをやりとげ、達成感を味わうことから始めてください。徐々にやりたいことが見えてくるでしょう。また、他人と分離意識をもちやすく孤独を感じがちな傾向があるので、積極的に人と関わっていくことを心がけてください。進むべき道もより定まってきます。自然に接することも効果的。素の自分を表現できるようになります。日々、自分の希望、ワクワクやときめきに従って生きるように心がけましょう。

## 覚醒ポイント　積極的に人と関わっていく

夢や希望を心の栄養にして、心を豊かに育んでいく――あなたの「人生の目的」は夢や希望を届け、周りの人の心を豊かに変えていくことにあるのです。

**マヤの叡知　みんなで分かち合える夢は叶う**

# 4 黄色い種 リスクを負って、挑戦する

プロローグで、「人生は魂の覚醒の旅だ」と記しました。私たちはこの世に、それぞれの課題（テーマ）をもって生まれてきた学生のようなもの。

大切なことを学び、成長するために必要なことはなんでしょうか？

それは、無限の可能性にフタをしないことです。

安定した生活をしている人ほど現状維持を求めます。できることなら、おだやかで波風の立たない日々が続きますようにと願うのは当然でしょう。

しかし、それでは魂の成長には結びつきません。また宇宙の意図に反することにもなりかねません。ときには仕事のトラブルや人間関係の悩み、体調不良などの逆境が訪れることもあるでしょう。これは、「そろそろ学ぶタイミングだよ」という宇宙からのサインなのです。

「黄色い種」の紋章をもつあなたはとくに、現状維持を望むタイプ。

とはいえ、今までの人生、波乱が多かったのではないでしょうか。あなたはこの世に、自分の硬い殻を破り、「本当の自分」を開花させるためにやってきました。新たな挑戦意識をもって現状維持から抜け出したとき、あなたの可能性は覚醒するのです。

## 覚醒ポイント　現状維持に安住しない

あなたはすばらしい才能を秘めています。秘めたポテンシャル、という意味では、紋章の中で一番かもしれません。ですが、たいていの場合、才能はあなたの奥深くに眠ったまま。「黄色い種」という紋章のとおり、あなたの才能は硬い殻で覆われています。この硬い殻とは「自己執着」であり「自分勝手な考え方」です。自分が納得しないと動けないあなたは、「このやり方で成功した人はほかにいないから」「これって、経験がないとできない」などと、自分の「思考」にがんじがらめになっています。その硬い「思考」を破ってくれるのが新しいことへのトライ。まずは飛び込んでみる。飛び込んでから、考える。そうした経験を重ねることで、あなたの才能はどんどん活性化します。

## 覚醒ポイント　新しいことにあえてトライする

知的で博識。また、ひとつのことを掘り下げる才能もあるあなた。研究熱心で、どんな分野でも新たな領域を切り開く可能性に満ちています。また、クリエイティブな発想も得意とするところ。ここでポイントとなるのは「やわらかい心」です。「やわらかい心」で、まずは興味のある世界に飛び込み、極めていきましょう。

## 覚醒ポイント　「やわらかい心」をもつ

新しいことにトライし、深く掘り下げる——あなたの「人生の目的」は、硬い殻を破り、「未知の領域」を人々に気づかせることにあるのです。

**マヤの叡知　現状維持は、覚醒を妨げる**

## 5 赤い蛇 脱皮しながら強くなる

「他人になんていわれるかと思うと不安で、好きなことにトライできない」

「お客さんの反応が気になって、接客の仕事がつらい」

こんなふうに、「他人の目」が気になってしまう、という悩みをよく打ち明けられます。過度に「他人の目」を意識すると神経系に多くの負担がかかり、自分で感情をコントロールできなくなることはもちろん、宇宙とのつながりも途切れてしまうでしょう。

人目を意識して生きているかぎり、それは「本当の自分」ではなく「他者の人生」「偽りの人生」を生きていることになるからです。

「赤い蛇」の紋章をもつあなたは、とくに「他人の目」にとらわれがち。

そんなときに大切なのは、自分がコントロールできないことにはフォーカスしないことです。

「他者の評価」「人の気持ち」「仕事の結果」など、自分の力ではどうすることもできません。それよりも、「今自分ができること」を意識すること。

蛇が脱皮しながら強くなるように、あなたも「他人の目を気にしてしまう古い自分」を脱ぎ捨てて強くなるのです。

## 覚醒ポイント　自分でコントロールできないことは考えない

あなたの脱皮を阻害するのは執着心です。

「過去の自分」への執着、「ほしいもの」への執着、「他者からの評価」への執着などを手放して、「宇宙におまかせ」するくらいの気持ちでいることで、どんどん新しい自分へと脱皮していけるでしょう。情熱家でもあるため、その情熱をどこに向けるかが大切です。また、生理的な感覚にすぐれ、それがすぐ行動に表れます。「嫌といったら、嫌」となりがち。その分、直感力にすぐれ、宇宙とつながりやすい、天才型の人も多いのです。「五感」を磨き、直感力を養いましょう。

## 覚醒ポイント 「五感」を磨く

運動神経のいい人が多く、スポーツ選手やインストラクターなど、体を使う仕事のほか、数字を扱う仕事なども適職です。

感覚にすぐれ、一度目標を設定したら、すべてのエネルギーを投入していくあなたは、神経が疲れてしまうこともあるようです。

疲れすぎると、せっかくの直感の扉も閉まってしまいます。

自分が疲れていないか、つねに気を配り、リラックスを心がけましょう。

## 覚醒ポイント 自分の体の状態を把握する

他人の目を気にすることをやめ、自分の直感を信じる——あなたの「人生の目的」は古い自分の皮を脱ぎ捨て、本当の強さを身につけることにあるのです。

**マヤの叡知 執着心を手放すことで、新しい自分になれる**

# 6 白い世界の橋渡し
# 人と人をつなぎ、幸せをもたらす

愛情、夢の実現、心の豊かさ、経済的な豊かさ……これらはどこからやってくると思いますか？

それは「人」からやってきます。人はひとりでは幸せになるにも限界があります。すべては「人とつながること」から始まるのです。

「白い世界の橋渡し」の紋章をもつあなたは、「人と人をつなぐ」ためにこの世界にやってきました。人だけではなく、ビジネスとビジネスをつなぐ、情報と情報をつなぐ、ということもあるかもしれません。

「つなぐこと」があなたのキーワードです。

「え！　つなぐだけじゃ、私自身は幸せになれないのでは？」

と思うかもしれませんね。そんなことはありません。

人は、「すばらしい人（モノ）」と「すばらしい人（モノ）」をつなぐことで、自分自身も同じステージに上がれるようになっています。人やものをつなげばつなぐほど、あなた自身が成長し、より大きなチャンスをつかめるようになるのです。

「この人とこの人が出会ったら、すごいことになるぞ」

と思う人がいたら、積極的に紹介してみましょう。そうすることで、あなた自身のエネルギーも活動するステージも上がっていきます。

## 覚醒ポイント　相手の立場に立って、人と人をつなぐ

もともと「世界的に活躍する才能」をもつあなた。スケールの大きな舞台で活躍する仕事が向いています。コミュニケーション能力にたけ、とくに社会的な立場にある人に可愛がられるので、秘書やサービス・接客業など人と関わる仕事で才能を発揮します。尊敬できる人を見つけたら、迷うことなく会いに行ってください。あなたの天職もまた、人からもたらされるでしょう。

## 覚醒ポイント　尊敬している人に実際に会う

注意したいのは「自分の思うように状況をコントロールしたい」という気持ち。あなたの課題は「手放す」ことにあります。

「白い世界の橋渡し」は「死と再生」を意味する紋章でもあります。「死」とはすべてを手放す瞬間。この「手放す」ができると本当の意味で「再生」できるのです。とくに、「どうしてもこうしたい！」というエゴを手放して、すべてを天にゆだねる心持ちでいることで道は拓けます。また、一度、死について考えてみると、本当に大切なものに気づけるでしょう。

## 覚醒ポイント 「死」をみつめる

執着を手放し、人と人をつないでいく――あなたの「人生の目的」はあらゆるものをつなぎながら、スケールの大きな世界で魂を磨くことにあるのです。

**マヤの叡知 「つなぐ」を積み重ねることで、活動の舞台は広がる**

# 7 青い手
# 心を整理し、自分と人を癒していく

「上司からいわれたひと言が気になってクヨクヨしてしまう」

「自分の思いが相手に伝わらず、なんだかイライラしちゃう」

もしも、あなたの気持ちがそんなふうにモヤモヤしてしまうなら、とりあえず部屋を片づけて、いらないもの、使ってないものを捨ててみましょう。

空間には記憶が宿ります。

クヨクヨしていると、その場所にクヨクヨの記憶が、イライラしていると、その場所にイライラの記憶がとどまってしまいます。ごちゃごちゃした空間には、ごちゃごちゃした思いが沈殿しているのです。だから、そのごちゃごちゃをさっぱり片づけることで、気持ちがすっきりするでしょう。

「青い手」の紋章をもつあなたにとって、環境や心の中を「片づけること」が一番の癒しにつながります。もともと生き方が不器用で考えすぎるところがあり、モノも気持ちも溜め込みやすいあなた。あれこれ考えて集中できなくなったり、イライラやクヨクヨを溜め込んでしまうとパニックになってしまうこともあります。「気持ちを切り替えたい」「現状を打破したい」と思ったら、まずは自分の部屋に注目してみましょう。

## 覚醒ポイント　部屋も気持ちも片づける

あなたは人を癒すために生まれてきました。人生の目的は「癒し」です。とはいえ、あまりにも自分の中に「癒されていない部分」があると、人を癒すことは難しくなってしまいます。先ほどお話ししたように、モノや気持ちを「溜め込む」クセをやめ、部屋や気分をクリーニングする習慣をつけましょう。自分を癒すために、もうひとつ大切なことは「ハート」を使うこと。もともと分析力があり理論家のあなたは、頭で考えることが得意な代わりに、ハートで感じたり、フィーリングで判断したりすることが苦手です。「どうすべきか」ではなく「何がしたいか」を心がけると、ハートを上手に使えるようになるでしょう。

## 覚醒ポイント 「何がしたいか」を意識する

「青い手」のあなたは、やはり手を使う仕事が向いています。「人を癒す」仕事が天職になるので、エステシャン、ヒーラーなど。食べ物で人を癒す料理人もいいでしょう。美しい書や絵で人を癒す書道家やアーティストなども天職です。どんな仕事でも経験を重ねることで、モノにできるタイプ。ひとつのことに定めて、なるべく長く続けてみましょう。

## 覚醒ポイント 手を使って、人を癒す

溜まってしまうモノやマイナス感情を片づけていく——あなたの「人生の目的」は、手とハートを使って、自分、そして人を癒していくことにあるのです。

**マヤの叡知　ひとつひとつを整理することで、次のステージに立てる**

# シンクロ通信を読んでたくさんの喜びの声が・・・！

**横浜市　U様　70代**
毎朝6時を楽しみにしております。新聞を読むよりもわかりやすいし、これを見ないと一日が始まらない気がします。

**沖縄県　E様　50代**
マヤ暦を知らなかった自分にはもう戻れないですね。今は毎日の指針にこのメールを確認してから出かけます。

**愛知県　T様　50代**
マヤ暦に本当に感謝しているんです。マヤ暦を知らなかったら今も地獄のどん底にいたと思います。毎日晴れ晴れとした日々を送れるのは、このメールのお陰と信じています。ずっと続けて読みます。

**東京都　I様　30代**
仕事の事で悩んでいたときに、友人から勧められて読みました。１週間で吹っ切れました。私の生き方はこれでいいんだと「シンクロ通信」を読んで納得しました。私も悩んでいる友人に薦めたいと思います。

**岐阜県　K様**
シンクロ通信を読み始めてから、いいことが起こり始めました。物事の見方が変わるだけで、幸運が舞い込んでくるなんて！シンクロ通信に出会って良かった！

**神奈川県　T様　30代**
『シンクロニシティ』って本当にあるんですね。マヤ暦の法則が宇宙を動かしていることを、この「シンクロ通信」を毎日読むことで実感できるようになりました。

**大阪府　S様　50代**
マヤ暦の深さ・凄さを知ることで、私の人生も大きく変わってきました。つい将来への不安や心配に押し潰されそうになってしまう日々でしたが、未来への明るい展望が見えてきました。

**兵庫県　D様　40代**
夫婦関係や親子関係で悩んでいましたが、マヤ暦に出会って、私自身のものの見方・考え方が変わり、不思議なことに周りも変わってきました。今では家族円満で暮らしています。「シンクロ通信」を読むことが、心の支えになっています。

**北海道　E様　40代**
仕事がうまく行かず、「これからどうしよう」と不安の毎日でしたが、マヤ暦の叡智に出会って救われました！今では仕事も順調です。ありがとう！「シンクロ通信」

**京都府　Y様　50代**
マヤ暦、そして「シンクロ通信」は私にとって「人生の羅針盤」です。宇宙のリズムのひとつになることで、今まで不可能だと思っていたことが可能になってきました。

# 8 黄色い星
# 一流のものに触れ、才能を伸ばす

「ついつい相手を責めてしまう」「相手の悪いところばかりが目についてしまう」そんなモードになることは、誰だってあるでしょう。

ご主人が突然自分の元を去ってしまったB子さんもまた、ご主人のダメなところを無意識にネチネチと指摘してしまう、そんな女性でした。

しかし、B子さんは「マヤ暦」を勉強し、「つい相手を責めてしまう」という自分の短所に気づき、「相手の事情を察し、許すこと」「ゆとりをもって生きていくこと」を心がけるようになりました。

すると、ある日突然、ご主人が戻ってきたのです。

B子さんは驚きました。なぜ遠く離れていたご主人が、自分の変化を察することができたのか、と。

人には顕在意識と潜在意識があり、潜在意識はみんなとつながっているといわれます。B子さんの変化は、潜在意識でつながっているご主人の元にも届いたのでしょう。

B子さんの紋章は「黄色い星」でした。「黄色い星」の紋章をもつあなたはプロ意識が高く、総じてクオリティの高い仕事ができる人です。その分、自分の目からみて、「やるべきことをやらない」人を責めてしまう傾向があるのです。部下の芽をつんでしまったり、孤立を深めてしまうこともあるかもしれません。「寛大な心」を身につけることがあなたの課題です。

## 覚醒ポイント　広い心をもち、相手を受け入れる

仕事は美に関するものが向いています。アーティストとして作品づくりや、ネイリストやサロンを経営するなど、美容関係もいいでしょう。スキルを必要とする仕事で才能を発揮するタイプです。ポイントは、「プロフェッショナル」を目指すこと。もともと美意識が高く、芸術的センスの持ち主ですが、単に「美しいものが好き」なだけではなく、一流レベルまで自分の能力を磨いていくことが、あなたのミッションになります。

## 覚醒ポイント　一流レベルまで能力を磨く

もしも今、能力を磨くものが見つからないのなら、アート作品やデザイン、イラストや文章、ゲームのプログラミング、音楽など、何か作品をつくってみるといいでしょう。

また、「極めたもの」に触れることで、パワーを得ることができます。一流の美術館、文豪による文学作品、最高のコンサートなどレベルの高いものに接してみるのも効果的。あなたの能力は引き出されます。

## 覚醒ポイント　「極めたもの」に触れる

人を許し認めながら、一流を生み出す――あなたの「人生の目的」は、周りと協力し合いながら、世界の美しさを人に知らしめることにあるのです。

**マヤの叡知　寛容な心もつことで、すべてはスムーズに回り出す**

9

赤い月

# ひとつのことを極める

「人には『生まれてきた目的』があるのもわかりますし、マヤ暦を学んで、自分の目的がどういう方向にあるのかも見えてきました。でも、今、実際に何をやったらいいかわからないんです」

そんなご相談を受けることがあります。

たしかに、「やりたいことがわからない」という人はたくさんいるでしょう。

そんな方には私はこうお話しします。

「目の前のことを、一生懸命にやってみませんか？」と。

たとえば、お茶汲みばかりのＯＬさんだったら、真剣にお茶を淹れてみる。どうしたらおいしく淹れられるのか？　お湯の温度はどうか？　お茶っ葉の分量はどうか？……そんなふうに真剣に取り組むことで、お茶にはまり、和カフェの経営を思いつくかもしれません。

あなたが「今、やっていること」は縁があってあなたの元にやってきました。ミッションは自分で選ぶものではありません。宇宙から与えられるもの、探すものではなく、思い出すもの。ミッションは目の前のものを真剣にやることで思い出すことができるのです。

とくにこの「赤い月」の紋章をもつ人は、「ミッションに生きること」でよりいっそう人生を輝かせることができます。なんの分野でもかまいません。自分のミッションを信じ、極めることが大切です。

## 覚醒ポイント　「何かを極める意識」をもつ

「赤い月」の仕事選びのキーワードは「水」です。水産業、漁業、または、飲食店など水商売も合います。水と同様に「流れ」をつくる、流通関係にも縁があるでしょう。「水」とは関係ありませんが、直観力に優れているので、企画やアイディアを形にする仕事も向いています。

心が疲れたら、温泉や海など水のある場所が癒してくれるでしょう。また、「赤い月」のあなたは月のリズムを生活に取り入れると精神が安定します。

新月から満月の期間はアクティブに、満月から新月の期間は浄化を意識して、内省的に過ごすと良いでしょう。

## 覚醒ポイント　「月」のリズムを意識する

ついついネガティブ思考に陥ったり、自己卑下をしがちです。他人からの影響を受けやすいので、なるべく応援してくれる人、ポジティブな影響を与えてくれる人とだけつき合うようにするのもポイントです。

## 覚醒ポイント　プラスの影響を与えてくれる人とつき合う

自分の道を信じ、プラスの気持ちでそれに邁進する——あなたの「人生の目的」は自分のミッションに気づき、それを極めることにあるのです。

**マヤの叡知　目の前のことを懸命にやることで、ミッションは見えてくる**

# 10 白い犬 直感に忠実になって、家族愛を広げる

「今の自分を変えたい」そう思うなら、「人との関わり方」を変えること。

ポジティブに変わりたかったら、ポジティブな人と一緒に過ごす。

もっとセンスがよくなりたかったら、センスの良い人と知り合いになる。

やりがいのある仕事に就きたかったら、仕事で輝いている人の話を聞く。

そうやって、実際に同じ時間を過ごし、コミュニケーションをとっていくことで、あなたの人生の流れは劇的に変わっていくのです。

とくに「人との関わり」によって覚醒するのが「白い犬」の紋章をもつあなた。

面倒見のいい先輩、仕事のできる上司、信頼できるメンターなど、「心から尊敬する人」との出会いが、あなたの能力を最大限に引き出してくれます。

積極的に「興味のある人」「憧れている人」に会いに行きましょう。

## 覚醒ポイント　「会いたい人」に会いに行く

「仕えたい」という人と働き、「信頼される」ことに幸せを感じるタイプです。組織で働く会社員、とくに、信頼感が業績につながる営業マンや、サポートに徹する秘書などが向いています。

家族愛が強く、家族をもつことでより強くなれるのも特徴。夫や妻、子供など実際の家族だけではなく、たとえば、自分の部署のチームを「家族」だと感じるなど、仕事においても家族だと思える人を増やしていくことで、より人生がスムーズに回り出すでしょう。

## 覚醒ポイント　「家族」と思える人を増やす

考えすぎると、動けなくなってしまうタイプです。そんなときは、リズム、すなわち生活習慣を変えること。たとえば、朝早く起きて、散歩をしてみるなどが効果的です。

「白い犬」のあなたは、部屋にこもっているとストレスでどんどんよくないことを考えてしまいます。散歩や買い物に出かけ、路地の花の香り、頬に感じる風、新緑の色……こうしたものを味わうなど五感を使うことで、気持ちが前向きに変わっていきます。

とくに普段から心がけてほしいのが、「自分の心に忠実になる」こと。「白い犬」は他人にはとても忠実にふるまいますが、自分の気持ちはないがしろにしがち。「ちらっと違和感をもった」「なんとなく嫌な感じがした」「無理そうだけど、ちょっとやりたい気がした」……こうした自分の直感を意識して生きることが、ここちよく生きていくコツです。

## 覚醒ポイント　自分の直感に忠実に従う

すばらしい人と出会い、信頼関係を築いていく――あなたの「人生の目的」は周りの人を大きな「家族愛」で包み込むことにあるのです。

**マヤの叡知　自分を変えたいなら、「人との関わり方」を変える**

# 11 青い猿　世界の楽しさを伝える

チャンスは、深刻になりすぎると逃げてしまうもの。

「真剣に物事を考えることのどこが悪いの？」

と思われるかもしれませんね。「真剣」と「深刻」はまったくちがいます。

真剣とは、しっかり向き合うこと。しかし、深刻になりすぎているとき、人は視野が狭くなり、本質を見失ってしまいます。

「私はいったいどんな仕事を選んだらいいの？」

「私のことを相手はどう思っているの？」

そう自分の視点ですべてをとらえ、自分の世界に入ってしまうのです。これでは宇宙とつながることはできません。せっかく宇宙があなたに「チャンス」や「シンクロニシティ」を用意していても、気づくことができないでしょう。

「青い猿」のあなたは、もっとも宇宙とつながりやすく、直感力にすぐれ、すばらしい「ひらめき」の持ち主です。「未知のものを発見する」才能をもつ天才型。たとえばノーベル賞を創設したノーベル自身が「青い猿」です。

そんなあなたの注意点は、ふとした拍子に深刻になりすぎてしまうこと。深刻なあなたからは、直感もひらめきも生まれません。

そこから抜け出すポイントは、目の前の人を楽しませることです。

もともとあなたはユーモアセンスが高く、サービス精神旺盛で周りを喜ばせるのが大好き。エゴに向かっていた意識を周りに向けることで、宇宙とのつながりが強まり、ひらめきやシンクロニシティ、新たな縁を手にできます。

## 覚醒ポイント　周りの人々を喜ばせる

天職はクリエイティブな才能を生かせる仕事。ですが、気をつけたいのが環境です。あなたは自由のない環境では、もって生まれた能力を発揮できません。

たとえば、常識的な上司に厳しく管理される職場では、せっかくの「ひらめき」も萎縮してしまうでしょう。あなたの才能はのびのびした気持ちでいるときこそ輝くのです。

**覚醒ポイント　自由でのびのびした環境に身を置く**

また、スピリチュアルな世界に興味があるのも特徴。もしもそうでないなら、心の奥に傷を負っている可能性があります。自由な発想力をもつあなたは、人から変わり者だと思われ、傷つくことも多いもの。そんな心の傷を癒すために必要なのが人。理解者をもつことが、傷つきやすい心を守る鍵です。

**覚醒ポイント　自分のよさをわかってくれる人を見つける**

深刻になりすぎず、自由な環境で周りを喜ばせながらクリエイティブな才能を活かす――あなたの「人生の目的」は、世界は暗く大変なものではなく、自由で楽しさに満ちたものだと伝えることにあるのです。

**マヤの叡知　困難は、楽しみながらゲーム感覚で超える**

# 12 黄色い人
# 感動を伝え、道を示す

「Cさんはいつも非常識だから嫌い」

「Dくんはいつも細かいことばかりいってくるから苦手」

こうした「人の好き嫌い」は誰にだってよくあることです。

もしかしたらCさんは自由な発想をするクリエイティブな人なのかもしれません し、Dくんは細やかな心配りのできるデリケートな人かもしれません。またそれぞれこちらがうかがい知れない事情があるかもしれないのです。

太陽の紋章は20。それぞれちがう特徴、ちがう長所をもっています。「マヤの叡知」は「みんなちがってみんないい」ことを教えてくれています。

自分のたったひとつの尺度でジャッジするのではなく、「いろんな人がいて、いろんな事情があるんだ」と思えたとき、あなたと宇宙はつながり、すばらしいシンクロニシティが起こるでしょう。

「黄色い人」を紋章にもつあなたは感激屋で、自分の感動を波紋のようにみんなに広げる感化力の持ち主でもあります。

ただ、一方でこだわりが強いため、「あの人はダメ」「この人は嫌」と他人を比較したり、ジャッジしたりして、周りから孤立しがち。すると、あなたの心はかたく閉ざされ、みずみずしい感受性がフタをされてしまいます。

相手のいいところを見出し、受け入れようとすることがあなたの才能を活かす道です。

**覚醒ポイント**

## 相手の長所を見つけ、受け入れる

また、一芸に秀でており、プロフェッショナルが多いのも特徴です。どの分野でも道を極め、また周りの人に道を示す人になります。たとえば「黄色い人」の紋章をもつイチローは、野球を通して、一徹に打ち込むことのすばらしさを私たちに伝えてくれています。

**覚醒ポイント**

## 道を極め、道を示す

理性と感情が混在しているあなたは、バランスが大切。迷いがあるときは心に従ってください。感激や感動を大事にすることで本来の自分に戻れます。

「感激といわれても、最近、ぐっとくることがないんです」というあなたにおすすめなのが、歌。山下達郎さんや石川さゆりさんなどすばらしい歌い手さんが多く、一様に歌が好きなのがこの紋章の特徴です。鼻歌でもカラオケでも、歌うことで自分の心をゆるめることができるでしょう。

## 覚醒ポイント　感動とともに生きる

周りをジャッジせず、ひとつのことに没頭し、人に感動を与えていく——あなたの「人生の目的」は、感激する気持ちを取り戻し、世界は感動で満ちていることを周りに示すことにあるのです。

**マヤの叡知　感動こそが、人生を大きく変容させる**

# 13
## 赤い空歩く人
# 人を育み、その才能を伸ばす

たとえば、あなたが編集者で、明日までに「売れる本の企画」を考えなければならないとします。「売れる企画は何か」を調べるために、サイトでベストセラーを調べたり、人気ブログを検索したりするかもしれません。

しかし、それより書店を歩いて、実際に売れている本を手に取ったほうがアイディアが湧く場合も多いもの。

アイディアは現場に行くことで生まれます。なぜなら、空間には「記憶」が宿っているから。54ページでもお伝えしましたが、空間には目に見えない様々なエネルギー（情報や記憶）が宿っていて、それが私たちにアイディアやひらめきをもたらしてくれるのです。

「赤い空歩く人」の紋章をもつあなたには人を育む才能があります。深い知性と良識を兼ね備えた生粋の教育者といえるでしょう。仕事は教育関係がぴったり。文章力や表現力に長けているので、作家などの仕事も向いています。

ただし、感受性が強いため、傷つきやすくひきこもりがちになることも。実際に出かけたり、人と会ったりしないと、自分の頭で考えただけで決めつけてしまうことも多くなります。興味があるなら、本を読むのではなくて実際にワークショップに出かけてみる。出会いがほしかったら、SNSではなくて、出会いの場に参加してみる……そんなふうに、「その空間に行く」ことが、あなた本来の魅力を輝かせるコツです。

## 覚醒ポイント　現場に行く

何かトラブルがあったときは、自分の「正しさ」にこだわっていないか、振り返ってみてください。「正論」はときとして、相手を傷つけます。また、自分で正しいと思っていても、別の角度から見たらそうではないということもあるでしょう。「正しさ」を手放すことで、あなたは自分の殻を脱ぎ捨てることができるのです。

## 覚醒ポイント　正しさへのこだわりを手放す

あなたには「人を助けたい」「世のため人のためになりたい」という高い志があります。それゆえ、生徒の教育や部下のマネジメントなど、他人の才能を伸ばしてあげることに喜びを感じますが、ときには苦手な人や嫌いな人と出会うこともあるでしょう。その際はどうか、「自分がこの子の親だったら」という視点をもってください。隠された「相手のいい部分」を発見できるでしょう。

## 覚醒ポイント　別の視点で考える

人を育てることで世界に貢献していく――あなたの「人生の目的」は様々な体験から得た知見で人を見抜き、多くの人の才能を伸ばすことにあるのです。

## マヤの叡知　空間には記憶が宿る

# 14 白い魔法使い 他人を許し、愛する

「（将来）このままでやっていけるのか」
「（明日の）プレゼン大丈夫だろうか」

人が不安を感じるとき、こんなふうに意識は未来にあります。不安を消したいなら、「将来ではなく、今」「明日のプレゼンのために、今、何ができるか」などと、未来に向けられた意識を今に切り替えること。

「白い魔法使い」の紋章をもつあなたも、こうした未来思考をしがちですが、これがときに取り越し苦労につながることがあります。あなたはもともと宇宙とつながりやすく、すばらしい直感力の持ち主ですが、未来を心配したり結果に気をとられて、意識が「今」にないと、宇宙とのつながりが切れてしまい、もともともっている「魔法」が使えません。ヨガや気功など呼吸を重視した運動や、陶芸など五感を使うような趣味をもって、今を感じる練習をしましょう。

## 覚醒ポイント　想定グセをやめる

あなたは物事をまじめにとらえ、何事にもベストを尽くす人です。ただ、いい加減な人に手厳しい傾向があります。そのため孤立することもあるはず。

「どうしてあの人は、できることをやらないの？」

「もっとうまくできるのに、なんでそうなっちゃうの？」

などと、他人を許せなくなることも多いでしょう。

何かトラブルになっても、「自分が悪い」とは思いにくいのです。

そんなあなたの課題は「人を許すこと」です。

人はみなちがう特性をもっています。能力もちがいますし、様々な事情もあるでしょう。なにより「宇宙がひとりひとりを愛している」という事実に目を向けることです。

## 覚醒ポイント　「存在のすばらしさ」に目を向ける

また、ピュアで他人を信頼するため、多くの人と信頼関係を結べるでしょう。

他人を魅了する不思議な魅力もあります。

ベストを尽くす人なので、仕事は何をやってもうまくいくでしょう。

とくに「承認願望」が強いので、褒められると百人力。「評価」や「感謝」が見えやすい仕事にやりがいを感じるでしょう。

「こんなにがんばっているのに、なんで認めてくれないの？」というマインドに陥ることも多いので、「褒められたい」なら自分から「褒める」、「愛されたい」なら自分から「愛する」、を心がけてください。

## 覚醒ポイント　自分から褒める、自分から愛する

他人への厳しさを手放して、今を感じながら生きる――あなたの「人生の目的」は、人を許し、自分から愛を広げることにあるのです。

**マヤの叡知　結果ではなくプロセス、未来ではなく今に集中する**

# 15 青い鷺
# テーマをしぼり、物事の本質を見極める

世界はあなたの心を映し出す鏡です。たとえば、「お仕事、がんばっているよね」と親から話しかけられた場合。普段なら、「そうなの！理解してくれてありがとう」と思うところを、仕事でミスして落ち込んでいる場合は、「親に仕事のことなんて、わかるわけないでしょ」と批判的に受け取ってしまうかもしれません。こんなふうに、世界の見え方はあなたの心の状態で決まります。

「青い鷺」の紋章をもつあなたは、心を良い状態に保つことで魅力が輝きます。観察力にすぐれ、本質を見抜く力がありますが、ともすればその能力が「批判的」「ネガティブ思考」に転びがち。洞察力がある分、人のマイナス面が見えすぎてしまうのです。怒りやイライラで自分を見失うことがないように、心の状態をつねにチェックする習慣をつけてください。

また、未来に希望を感じられないときのために、ストレッチ、散歩、音楽鑑

賞など、あらかじめ自分の気持ちを切り替えてくれる「清涼剤」のようなものは何かを自分なりに知っておくといいでしょう。

## 覚醒ポイント　心をより良い状態に保つ「清涼剤」を知っておく

大空を飛び回る鷲のように、広い視野で物事を俯瞰する能力が際立つあなた。しかし、ただ漠然と全体を見ているだけでは、物事の本質は見えてきません。物事が見えやすいからこそ、情報の海に飲まれてしまう傾向にあります。

ポイントは「テーマを決める」こと。

「顧客のつもりになって、自社の製品を見てみよう」

「効率の良さを意識して、この仕事に取り組んでみよう」

などとテーマを設定して行動するとうまくいきます。

## 覚醒ポイント　テーマを決めて行動する

先見性があり、未来のビジョンを描く力があるため、政治家や開発者が多いのもこの紋章の特徴。ただ、観察眼がありすぎて、いろんな面が見えてしまうため、自分から行動する勇気が出ない場合もあります。自主的に動かず、他人の仕事に物申すだけの批評家になってしまうことも。

魂の成長のために、自ら責任を取る生き方を心がけましょう。プロジェクトの中心となって働いたり、責任者として仕事を仕切ったりすることで、自分の優れた能力に気づくことができます。自分が幹事になって飲み会を開いてみるなど、最初は小さいことでもかまいません。

## 覚醒ポイント　小さな責任を取る

先見力をもち、物事を俯瞰して見ていく――あなたの「人生の目的」は、ポジティブな気持ちと広い視野で世界を見つめ、行動することにあるのです。

## マヤの叡知　すべては「心のありかた」で決まる

# 16 黄色い戦士
# 前向きな気持ちで自分と戦う

「戦い」というと、何かとても悪いものだと思われる方もいるでしょう。

たしかに、戦争は悲しいことですし、人間関係においても、「わからず屋の上司と戦う」「性格の悪いママ友と戦う」などといった、戦うコミュニケーションをしていては、良い結果は生まれません。

しかし、「戦い」のすべてが悪いわけではありません。

「戦い」が視野を広げ、成長をうながしてくれることもあります。

それは「偽りの自分との戦い」「エゴとの戦い」です。ポジティブな気持ちで偽りの自分と戦い、新しい自分へと生まれ変われたときこそ、本当に成長できるのだと思います。

「黄色い戦士」の紋章をもつあなたは、チャレンジすることを通じ、「自己鍛錬」する人。

ともすれば、他人と戦ってしまいそうになることもあるでしょう。

しかし、戦うのはあくまでも「偽りの自分」です。

新しいことに挑戦し、過去の自分を脱ぎ捨てていく――そうすることで、宇宙とつながることができる紋章なのです。

## 覚醒ポイント　他人ではなく、「偽りの自分」と戦う

仕事は、営業など自分の成長が見えやすいものを選ぶといいでしょう。自分のステージを上げていくことが喜びになる人です。ただし、やみくもに上を目指せばいいかというとそうではありません。

心がけてほしいのは、「目的を定める」こと。「青い夜」と「黄色い戦士」は目的指向型の紋章です。「自分はなんのためにこの挑戦をするんだろうか」などと、「目的」を意識すること。さらにその目的が、私利私欲ではなく、周りの幸せを願うものであるなら、ミラクルが起きるでしょう。

## 覚醒ポイント　目的を明確にする

ストイックなあなたは、他人に強い言葉を投げかけてしまうことがあります。ただ思ったことをそのままいってしまうだけなのですが、相手を傷つけてしまうこともあるでしょう。どうか、「こう伝えたら、相手はどう思うか？」といったん立ち止まるクセをつけてください。

また、横のつながりを感じられるとがぜんパワーが湧いてくるタイプです。同じ目的をもって進み、喜怒哀楽をともにする「戦友」のような関係を築くことで、モチベーションを長く維持できるでしょう。

## 覚醒ポイント　戦友のような同志を見つける

前向きに挑戦し、自分のステージを上げていく——あなたの「人生の目的」はチャレンジすることで、人に勇気を届けることにあるのです。

**マヤの叡知　挑戦することで魂は成長する**

## 17 赤い地球

# 心を開き、シンクロニシティを引き寄せる

読みたいと思っていた本をたまたま知人からいただいた。

会いたいと思っていた人とたまたま道でばったり会った。

日常の中で、こうしたシンクロニシティを体験することは誰にでもあるでしょう。これは「こっちの方向に行くといいよ」という宇宙からのサイン。

その本を読んだら、人生観がガラリと変わり、人生がより豊かになった。

その人のつながりで仕事を紹介され、天職に就いた。

そんな展開が待っていることも多いのです。

では、どんな人にシンクロニシティは訪れるのでしょうか。

それは「オープンハートで生きている人」です。

「周りは敵だ」「どうせ私を傷つける」などと思わず、「きっと味方になってくれる」「宇宙は私を悪いようにはしない」と思い、心を開いて生きること。

それが宇宙とのつながりを強めてくれるのです。

「赤い地球」の紋章をもつあなたはとくに、シンクロニシティを起こしやすい傾向にあります。それはあなたが「心のつながり」を大切にしているからです。その分さびしさも人一倍感じますが、本気で誰かと「絆」を結ぼうと語り合うことで、多くのひらめきと気づきを得るでしょう。

## 覚醒ポイント　人と語り合い、絆を結ぶ

いったん絆を感じると裏切ることのないあなたは、逆に「裏切られた」と感じると、すぐ相手と絶縁することもあります。「赤い地球」に一番効果的なのは、生活リズムを整えること。リズムが狂うと、心のバランスを崩しやすい傾向にもあるからです。朝早く起きる。三食同じ時間にとる。散歩を日課にしてみる。そんなふうに、生活習慣を見直すといいでしょう。

また、音楽やダンスなどの才能もあります。好きな音楽を聴いて体をゆらしてみたり、ダンスレッスンにトライしてみるといいでしょう。

## 覚醒ポイント　良い習慣を身につける

過去を引きずりやすいため、傷つけられた体験をされた方は、なかなか人に心を開けない場合もあるかもしれません。しかし、過去は過去。信頼できそうな人に気持ちを伝えてみるなど、少しずつオープンハートになる練習をしてみてください。

## 覚醒ポイント　オープンハートを心がける

人を信頼し、語り合い、絆を結んでいく——そんなあなたの「人生の目的」は、オープンハートになって、宇宙とのつながりを強めることにあるのです。

**マヤの叡知　「オープンハート」で生きる人ほど気づきがある**

# 18 白い鏡 枠を広げ、自由に生きる

今、あなたを苦しめているものはなんでしょうか？

「運命の彼と出会えない。結婚できない女と思われそうでつらい」という場合。

苦しめているものは「出会いがないこと」ではなく、「結婚しないとダメ」というあなたの中の決めつけかもしれません。

「仕事で評価されなくてつらい。こんなにがんばっているのに」という場合。

苦しめているものは「評価されないこと」ではなく、「仕事で評価されないとダメ」というあなたの中の思い込みかもしれません。

もしも今、あなたが生きづらさを感じていたら、「自分を縛るものは何か」に目を向けてみてはいかがでしょうか？

楽になるヒントを見つけられるかもしれません。

「白い鏡」の紋章をもつあなたは、人に甘えることなく、自立心をもって生き

られる人です。きっちりとした真面目なタイプの人も多く、他人の不正やいい加減さが許せない純粋な部分もあります。

もともと「枠」を大事にするあなた。それが行き過ぎると苦しみを引き寄せてしまうことも事実です。あなたの課題は「枠を広げること」です。「ああ、これは身勝手な考え方だった」「自分勝手に判断していたな」……そう気づければ気づけるほど、果てしない無限の可能性が広がります。

## 覚醒ポイント　自分の「枠」を外す

逆境に置かれることがあっても、あなたにはそれを乗り越える力があります。「白い鏡」は逆境に磨かれるほど光ります。あなたを磨く逆境は、あなたの枠を外そうとしてくれる味方でもあるのです。逆境時には、宇宙について考えたり、スピリチュアルな考えを身につけたり、瞑想をしてみるのも効果的。別の次元について学ぶことで、硬い「常識の殻」を割ることができるでしょう。

## 覚醒ポイント　目に見えないものに、礼を尽くす

いったん割れた鏡は元に戻らないように、キレたら後には引きません。また、焦ると本来の力を発揮できません。ゆったりと流れが変わるのを待つクセをつけましょう。ネガティブになると心が病んでしまうので、なるべくネガティブな情報を避けること。

また、マイナス思考になっていないかつねにチェックすることが肝心。ときには静かな場所で、静かな時間をもち、心を空にしてみましょう。自分の中に「無の空間」をつくると、心が静寂を取り戻し、宇宙の加護の中に自分がいることを感じられるでしょう。

## 覚醒ポイント　静かな場所で静かな時間をもつ

逆境の中で、常識の殻を破っていく——そんなあなたの「人生の目的」は、「枠」を外し、世界を自由に駆け巡ることにあるのです。

**マヤの叡知　目の前の現実は、自らの心の反映**

# 19 青い嵐 ゆだねることで、人生をシフトさせる

良い結果を出そうと一生懸命がんばってもうまくいかず、「もうどうなってもいいや！」と投げ出したとたん、うまくいく。

そんなことはありませんか？

がんばりすぎ、考えすぎると、マイナス思考が渦巻き、良からぬ結果を引き寄せてしまうものです。そんなときは、結果は宇宙にまかせ、余分なことは考えないことが大切です。

「青い嵐」の紋章をもつあなたは、寝ずに朝まで働いても、周囲は誰も気づかないほどパワフル。当然、滅多なことでは倒れたりはしません。

とくに仕事や趣味、また人に対しても、惚れ込んだときのエネルギーは、嵐のごとく周囲を巻き込み、大きな影響を及ぼします。もし惚れ込んだことがそのまま仕事になれば、理想的なパターンといえるでしょう。

しかし、仕事など他人を信頼してまかせることが苦手。周りが目を離した隙に、ひとりで全部やってしまいがちです。まずは結果を宇宙にまかせ、そして仕事も人にまかせる。そんなスタンスを身につけることを意識しましょう。

## 覚醒ポイント　自分以外の人を信頼し、ゆだねる

また、この紋章のポイントとなるのは、良き「理解者」の存在です。理解者に恵まれると、心のバランスが整い、持ち前のパワーで質量ともに充実した仕事をこなすことができます。ところが「理解者」がいない場合、周囲と噛み合わず、空回りしてしまうことがひんぱんに起こるのです。

「理解されている」という安心感が「青い嵐」には必要なようです。

## 覚醒ポイント　良き理解者をもつ

のめり込むことで、心の隅に潜む問題に気づくことがあるでしょう。

たとえ深い絶望を感じることがあったとしたら、それは「変革への出発点」

ととらえたらいかがでしょう。
孤独を感じたら、「これから多くの人とつながるための出発点」と考える。仕事に行き詰まりを感じたら、「新しい能力を開発する出発点」ととらえる。意識をよりポジティブに改善することで、成長は加速します。この紋章をもつ人が「本当の自分」へと戻るには、幾度もの変容を体験するでしょう。

**覚醒ポイント　変容のプロセスを怖れず、受け入れる**

自己を変革し、他人、そして宇宙にゆだねる——あなたの「人生の目的」は手放し明け渡すことの大切さに気づき、それを伝えることにあるのです。

**マヤの叡知　自分を明け渡してこそ、究極の自由が手に入る**

# 20 黄色い太陽
# エゴを手放し、無条件の愛を伝える

元スピードスケート選手の清水宏保さんは、小さい頃喘息に苦しんだといいます。そして、病を克服するために運動療法を始め、その結果アスリートとしての道が拓けたそうです。いわば「病があったからこそ」、彼のオリンピックでの活躍、そして金メダルがあったといえるのかもしれません。幼い頃の喘息は、活動を制限するでしょうし、さぞかし不自由だったことでしょう。

「黄色い太陽」の紋章をもつ人は、こうした「不自由さ」の中で覚醒します。

親の抑圧が厳しくて、幼い頃はいいなりだった。そんな「不自由さ」を抱えていたからこそ、早くから自立して自分の意思で生きられるようになった。

学びたかったのに、貧しくて大学に行かせてもらえなかった。だからこそ、働いてお金を貯めて勉学にはげみ、すばらしい功績をあげられるようになった。

親が厳しいことも貧しかったことも、本人にとっては「思い通りにならないこと」です。しかし、これこそがあなたの人生を磨いていくのです。

「黄色い太陽」の紋章をもつあなたは、存在感があり、いつのまにか主人公のようなオーラを放つ人。非常に有能で、たいていのことは、やればできるでしょうし、自信もあるはずです。だからこそ、「思い通りにならないこと」にぶち当たると非常にショックを受けてしまいます。そんなときこそ、こう思ってください。「このことから何が学べるのだろうか」と。

「思い通りにならないこと」はあなたに、「新しい才能」「他人を思いやる気持ち」「感謝の念の大切さ」など様々なものを教えてくれるはずです。

## 覚醒ポイント　思い通りにならないことから学ぶ

マネジメント能力や経営センスがあるため、経営者や組織のリーダーに向いています。課題は「ひとりよがり」にならないこと。有能な「黄色い太陽」はできない人の気持ちがわかりにくいかもしれません。部下や社員にイライラしてしまうこともあるでしょう。しかし、自分の「ひとりよがり」に気づき、「他人の痛み」に気づいたとき、あなたはすばらしい飛躍をとげます。もともと霊的感性も優れているため、より宇宙とつながれるようになるでしょう。

### 覚醒ポイント　他人の痛みに気づく

あなたのミッションは「無条件の愛を伝える」こと。誰かに愛を与えれば与えるほど、愛や気づきを手に入れることができる人です。「自分の関わってない部署のお手伝いをする」「友人に頼まれたことを喜んで引き受ける」……など感謝の気持ちで行動することで、人生は広がりと豊かさをもつでしょう。

### 覚醒ポイント　感謝の念とともに暮らす

逆境を学びに変え、周りに愛を与えていく——あなたの「人生の目的」はエゴを手放して宇宙とつながり、多くの人に無条件の愛を届けることにあるのです。

**マヤの叡知　「思い通りにならないこと」は気づきのチャンス**

## ●Column● 銀河の音って何？

35ページの「ツォルキン表」をご覧いただくと各KINナンバーの上に・や：といった印があることに気づかれるでしょう。

この13種類の「点と棒」の組み合わせは、音1〜音13までの「銀河の音」を表しています。「銀河の音」は、銀河の中心から日々発せられるエネルギー。自分が生まれた日の「銀河の音」を知ることで、シンクロニシティやミラクルを引き寄せる秘訣がわかります。

「銀河の音」ごとの「引き寄せの秘訣」をワンポイントで記しました。

35ページの表のご自身のKINナンバーの上に書かれた「銀河の音」を調べ、下記からキーワードを見つけてください。自分のキーワードを意識して過ごすだけで、思わぬシンクロニシティに遭遇するようになるでしょう。

「音1」・……「受容」
「音2」・・……「挑戦」
「音3」・・・……「未知体験」
「音4」・・・・……「探求」
「音5」―……「目標設定」
「音6」・―……「尊重」
「音7」・・―……「フォーカス」
「音8」・・・―……「フォロー」
「音9」・・・・―……「傾聴」
「音10」＝……「調整」
「音11」・＝……「初志貫徹」
「音12」・・＝……「共有」
「音13」・・・＝……「没頭」

第2部

——パートナーと出会えれば、人生はシフトする

# 「マヤ暦」でわかる、「ソウルメイト」の引き寄せ方

# ソウルメイトって何?

ソウルメイトという言葉には、どんなイメージがありますか?

「人生をがらりと変えてくれる運命のパートナー」「生まれる前から約束されている強い絆で結ばれた人」……どんなイメージであったとしても、ソウルメイトという言葉には私たちをワクワクドキドキさせる神秘的な響きがあります。

ソウルメイトはもちろん、恋人や配偶者など、異性のパートナーを指すこともありますが、深く理解し合える友人である場合もあります。

**いずれにしても、「ソウルメイト」は「魂レベルの結びつき」を意味する言葉です。**

そのような存在がいるならば、ぜひとも会ってみたいと思うのは当然のこと。

ここで、相手がソウルメイトであるかどうかを判断するポイントをお話ししましょう。

## 1 「本当の自分」に気づかせてくれる

ソウルメイトは「魂レベルの結びつき」であるため、出会うことで、魂の覚醒がうながされます。つまり、出会うことで「本当の自分」に気づきやすくなるのです。

「相手の仕事を手伝ってみたら、それが自分の天職だった」

そんなことが起こったら、その相手はソウルメイトかもしれません。

## 2 「本当の自分」に気づいたときに出会う

出会ってから「本当の自分」に気づくパターン以外に、「本当の自分」に気づくことで、その相手に出会えるようになる、というパターンもあります。

「やりたいことに気づいて転職したら、転職先の上司が運命の相手だった」

そんな出会い方をするのも、ソウルメイトの特徴です。

### 3　なぜか「懐かしさ」を感じる

「はじめて会うのに、以前会ったことがあるような気がする」

「会う度に、懐かしさを感じる」

「一緒にいても、何の違和感もない」

そんな気持ちになる人はソウルメイトの可能性が高いでしょう。

ソウルメイトに対しては根底に「懐かしさ」を感じるものだからです。

### 4　シンクロニシティが起きる

「なぜか、何度も道でばったり会う」

「『どうしているかな？』と思った瞬間に、メールが届く」

そんなふうに、シンクロニシティが起きるのも、ソウルメイトの特徴。

あなたとソウルメイトの出会いを宇宙が応援しているからです。

いかがでしょうか？

この4つのポイント以外に、「マヤ暦」を使って、ソウルメイトの可能性を探ることができます。次ページの図で割り出してみましょう。

「マヤ暦」で示す260種類のKINナンバーは、「顕在意識」と「潜在意識」の組み合わせから成り立っていますが、「ソウルメイト」を割り出す場合、「潜在意識」の領域に踏み込む必要があります。この部分こそがときを越えたつながりを暗示している可能性が強いからです。

本書は「太陽の紋章」に限定しましたが、「潜在意識」を表しているのは「太陽の紋章」ではなく、「ウェイブ・スペル」。「ソウルメイト」に関しては、「ウェイブ・スペル」を使います。

この「ウェイブ・スペル」を使ってソウルメイトを割り出したものが次の表です。「ウェイブ・スペル」の詳細はシンクロニシティ研究会のアドバイザーが主催する基礎講座で語られています。ご興味ある方はどうかその講座でさらに深く学んでくださいますようお願いいたします。

## KINナンバーでわかるあなたのソウルメイト

165〜190ページの「西暦とマヤ暦の対照表」から、自分と相手のKINナンバーを探してください。

ついになっているKINナンバーをもつ人があなたのソウルメイトです。

| | | |
|---|---|---|
| KIN 1〜13 | ⟷ | KIN 248〜260 |
| KIN14〜26 | ⟷ | KIN 235〜247 |
| KIN 27〜39 | ⟷ | KIN 222〜234 |
| KIN 40〜52 | ⟷ | KIN 209〜221 |
| KIN 53〜65 | ⟷ | KIN 196〜208 |
| KIN 66〜78 | ⟷ | KIN 183〜195 |
| KIN 79〜91 | ⟷ | KIN 170〜182 |
| KIN 92〜104 | ⟷ | KIN 157〜169 |
| KIN 105〜117 | ⟷ | KIN 144〜156 |
| KIN 118〜130 | ⟷ | KIN 131〜143 |
| KIN 131〜143 | ⟷ | KIN 118〜130 |
| KIN 144〜156 | ⟷ | KIN 105〜117 |
| KIN 157〜169 | ⟷ | KIN 92〜104 |
| KIN 170〜182 | ⟷ | KIN 79〜91 |
| KIN 183〜195 | ⟷ | KIN 66〜78 |
| KIN 196〜208 | ⟷ | KIN 53〜65 |
| KIN 209〜221 | ⟷ | KIN 40〜52 |
| KIN 222〜234 | ⟷ | KIN 27〜39 |
| KIN 235〜247 | ⟷ | KIN14〜26 |
| KIN 248〜260 | ⟷ | KIN 1〜13 |

# パートナーと出会う、ということ

いかがでしたでしょうか？

もちろん、右ページの「ソウルメイトの割り出し方」はあくまでも目安です。

「私の旦那様はソウルメイトじゃなかったんだ」

「意中の人が私のソウルメイトじゃないなんて」

などと受け取らないでくださいね。単に「可能性が高い」と思っていただければと思います。第3部でお話ししますが、「マヤ暦」では、ソウルメイトだけではなく、「類似」「反対」「神秘」「ガイド」など、様々な関係性を割り出すことができます。

また、「マヤ暦」では「良い関係」「悪い関係」というとらえ方をしません。

「この2人の関係はどういう傾向にあるのか」

「何を意識すればうまくいくのか」

そんなふうにとらえるようにしています。プロローグで「吉凶はない」とお伝えしたとおりです。さて、これまでソウルメイトのことをお話ししてきましたが、そもそも「パートナー」はなぜ必要なのでしょうか。

**私たちは自分の魂をひとりで磨くことができません。魂は他者を「愛する」ことで、「喜怒哀楽」を体験し、飛躍的な成長をとげるのです。**

この「他者」というものの、代表的な存在がパートナーです。

パートナーとの関係は、あなたの魂を磨くためにたくさんの「学び」を与えてくれるでしょう。

たとえば、パートナーとの関係を維持していくには、自分の言い分を通すだけでなく、相手の意見にも耳を傾け、どこかで折り合いをつけることが必要です。それを学ぶのは、上司部下の関係などではなく、あくまで対等の関係にあるパートナーが一番といえるでしょう。

また、愛する対象をもつことには責任が伴います。じつは魂の成長には「責任感をもって生きること」が欠くことはできません。

またパートナーから純度の高い愛を受けると、人はどこまでもポジティブに、そして希望とともに生きることができるようになります。それゆえどんな困難も越えて行けるのです。

**愛する喜びを分かち合えるパートナーと出会うために、今、何ができるのか。また、今一緒にいるパートナーともっとより良い関係を築くために何をしたら良いのか。**

この第2部では、太陽の紋章ごとにその傾向と対応術をお伝えいたしましょう。

# 1 赤い龍 心を開いて受け取る

「赤い龍」の紋章をもつあなたは、与え尽くす傾向にあります。それも過度に……。かといって、相手に期待しないという意味では、貴重な心がけかもしれません。

ただし、「受け取る」という行為も非常に大切です。なぜなら、「ギブ」と「テイク」があってはじめて愛の循環が始まるからです。一方的に与えるだけでなく、相手の好意や気持ちを具体的に「受け取る」ことを学びましょう。

また気をつけないと、「本音」より「建前」にとらわれ、自分の心を黙殺してしまう場合があります。たとえば、夫から散々DVを受けながらも、別れられなかったある女性は、「マヤ暦」に出合い、「もう一緒にいられない」という自分の本音に気づきDV夫と別れ、今ではひと回り年下の男性と再婚し幸せに暮らしています。

## ◉「赤い龍」のあなたが、さらに魅力あふれるために

バイタリティにあふれ、忙しい日々を送るせいで、慌ただしいエネルギーを醸し出してしまうことがあります。本来の愛と信頼に満ちた輝きを放つために、心を静かにしてみてください。頭を空にしてみるのです。

## ◉「赤い龍」の紋章をもつ人へのアプローチは？

尊敬や信頼が愛に変わることが多いでしょう。まずは信頼関係を築くことが先決です。もしも相手が仕事関係者だったら、仕事をきちんとやること。その他、待ち合わせに遅刻しない、ごちそうになったら、きちんとお礼をいう……そんなふうに、やるべきことをきちんとやり、信頼ポイントを増やしていきましょう。

思いを伝えるのなら、小細工はやめて、正々堂々正直な気持ちを伝えたほうがうまくいきます。たとえ不器用でも、面と向かって、自分の心の内をそのまま伝える。こうした正攻法のアプローチに相手の心は動くでしょう。

## 2 白い風
# 共感し合える相手を探す

「白い風」の紋章をもつあなたは、傷つきやすく繊細。ときには強引に自分の気持ちを表現することもありますが、基本的には自分から積極的にアプローチするよりも、相手のアプローチを受けてつき合いが始まるパターンが多いのではないでしょうか？

あなたの心の奥の繊細さも、それをなかなか表に出せない不器用さも、ありのままの姿を受け入れてくれる人に惹かれるはずです。キーワードは共感。お互いの気持ちを察し合える人と出会えれば、やさしい関係を築けるでしょう。

### ◉「白い風」のあなたが、さらに魅力あふれるために

繊細な感性をもち、インスピレーションを受け取りやすいあなた。分析せず

すぐに行動してください。いちいち評価し、反応する習慣はいったん置いておきましょう。

また、「白い風」は音楽と関係が深い紋章です。ピアノの先生など音楽を仕事にする人も多いのが特徴。一緒にコンサートに行くなど、音楽が流れる空間を共有することで、いっそうあなたの魅力が輝くでしょう。

## ●「白い風」の紋章をもつ人へのアプローチは?

デリカシーのない人が苦手です。逆に丁寧な言葉遣いやさりげない気遣いなど、細やかなことに配慮する人に心惹かれます。

とくに、話をしっかりと聞いて、心から共感してくれる人が大好き。「白い風」の人と距離を縮めたいのなら、共通の趣味などを見つけてみましょう。相手の好きな本を読んでみる。相手の好きな音楽を聴いてみる。そして、相手の感想を聞き出し、共感する……共感できるポイントを増やすことで、2人の関係はよりいっそう親密になっていくはずです。

# 3 青い夜
# 希望を感じる人を選ぶ

「青い夜」の紋章をもつあなたの異性観は少し夢見がち。

といっても、「白馬に乗った王子様が」といった、ふわふわした夢を掲げたりはしません。「ある程度年収がないと」「できれば、いい大学を出ていたほうが」などと、気にするポイントはわりと現実的。

高い理想を掲げがちなので、現実とのギャップに苦しむ人もいるでしょう。自分はどういう幸せがほしいのか。それは現実的か。そのためには何をしたらいいのか。一度、理想と現実を棚卸ししてみるといいのかもしれません。

## ◉「青い夜」のあなたが、さらに魅力あふれるために

やりたいことに熱中しているときのあなたは、多くの人を惹きつけます。

好意をもつ相手には、積極的に自分の夢を語ってみましょう。

また、自分が「豊か」な状態であるように意識を向けてください。あなたは余裕がなくなると、自分の殻にこもり、周りと交われなくなってしまいます。「豊か」といっても、何もお金の問題だけではありません。ゆったりした時間、せかせか焦らない気持ち……いつも余裕をもって行動することを心がけましょう。

## ●「青い夜」の紋章をもつ人へのアプローチは？

経済観念のない、お金にルーズな人を嫌います。

相手の前で無駄遣いや買い物自慢は避けましょう。

自分の夢に向かって突き進むことに価値を置くため、同じように夢に向かってがんばる人に心を動かされます。積極的に希望を語ってください。

ただし、裏づけのない夢は嫌います。現実的な道筋まで語ることができれば、2人の信頼と愛は確かなものになるでしょう。

# 4 黄色い種 会話を楽しめる相手がベスト

「黄色い種」の紋章をもつあなたは、知的で博識。豊富な話題で会話を楽しみたいタイプです。そのため、相手にもある程度の知的レベルや会話の楽しさを求めます。

また、いったん親しくなるとのめり込み、深みにはまる傾向もあります。ひとりの人とじっくり交流し、相手のことを徐々に知っていく……そうしたプロセスに喜びを感じるでしょう。

## ●「黄色い種」のあなたが、さらに魅力あふれるために

あなたは、どちらというと、他人から堅いイメージに見られがち。パステルカラーの服などを着て、やわらかいイメージを心がけるといいでしょう。

また、自分が納得しないと我慢できないところがあります。

ここで注目したいのは、納得は「頭」ではなく、「ハート」でするものだということ。

頭で思い込んでいる、「自分なりのこだわり」をゆるめることで、よりいっそう相手と良好な関係を築けるでしょう。

## ●「黄色い種」の紋章をもつ人へのアプローチは？

伝えたいことがあったら、ちゃんと言葉で説明してくれる人に好意をもちます。勉強家、知らないことを教えてくれる異性にも惹かれがちです。

また、普段生真面目なため、自分をリラックスさせてくれる相手にも心を奪われるでしょう。いつもニコニコしながら、会話を楽しんで、「この人と一緒にいると、なんとなく気持ちが楽になる」

そんなふうに思われると、会うたびに相手から好意を引き出すことができるでしょう。

## 5 赤い蛇
# スキンシップ大好きな寂しがり屋

「赤い蛇」の紋章をもつあなたは、スキンシップが大好き。好きな人とはいつもくっついていたいタイプでしょう。生理的な感覚にすぐれ、「肌の合う人」とはいつまでも仲良くできます。

逆に生理的に嫌な人は、触るのも嫌。じっくり交流していくうちに、内面に惹かれて好きになった……というタイプではありません。また、自分に関心をもってほしいあまりに、相手を束縛してしまいがち。自分の気質を理解して、のめり込みすぎないように気をつけましょう。

### ●「赤い蛇」のあなたが、さらに魅力あふれるために

華のある外見をもち人目をひくタイプ。最初のインパクトが強いので、あと

は内面を磨いて、相手をがっかりさせないことが大切です。興味ある分野を学んでみるのもおすすめです。「フィット感」を重んじるあなたは、「なんとなくしっくりくる」という感覚で学ぶ内容を選ぶと良いでしょう。

心を閉ざしやすい面もあるので、つねに「明るく前向きに」を心がけると、ますます愛されるようになります。

## ◉「赤い蛇」の紋章をもつ人へのアプローチは？

理屈ではなく、生理的に好き嫌いを判断するタイプ。いったん生理的に嫌となったら、それがすぐにくつがえることはありません。相手からそんなムードを感じたら、いったん距離を置くことも大切です。

逆に「好かれているな」と思ったら、ほどほどのスキンシップを。「赤い蛇」は親密感を表すことが一番効果的な紋章です。

また、本人に自己防衛意識が強い分、自分に心を許してくれる相手に惹かれます。自分から心を開いて、安心してもらうことで、相手も心を許してくれるでしょう。

# 6 白い世界の橋渡し
# 相手を思いやることを意識する

人とつながることが得意なあなたは、社交的で、出会いにはことかかないタイプ。ただ、どちらかというと仕事を優先してしまいがちで、男女関係に対しては意外と淡白です。また、相手から急に接近されると逃げてしまう傾向にあります。スケールの大きなものを好むあなたは、好きになる相手もスケールの大きい人。心が広く分別のある年上の人や、世界を股にかけて活躍する人などに惹かれる傾向があります。

## ◉「白い世界の橋渡し」のあなたが、さらに魅力あふれるために

他人から感じよく見られるので、異性から好意を寄せられることも多いはず。ただマイペースなところがあるので、いざつき合ってみると、「いい人だと思っ

てたけど、意外とわがまま」「すべてが向こうのペース」などと思われ、うまくいかなくなることもあるでしょう。鍵は相手を思いやる気持ちをどれだけもてるか。「今、相手はどんな気持ちなのか？」「何を考え、何を望んでいるか？」……こんなふうに、ときどき立ち止まって考えてみることが、すばらしいパートナー関係を手に入れる秘訣です。

## ◉「白い世界の橋渡し」の紋章をもつ人へのアプローチは？

「白い世界の橋渡し」をはじめとした「白系」の紋章は、距離感に敏感です。急に親しい関係になろうとせず、時間をかけてゆっくり親しくなっていきましょう。

また、寛大な人と一緒にいることに心地よさを感じるタイプです。「理解できない！」などと、相手の行動をジャッジすることなく、「そういうこともあるのかも」と広い心で見てあげるといいでしょう。

一緒に大きな夢を追うと、よりいっそう親近感をもたれやすくなります。

# 7 青い手 行動を起こして、ご縁を引き寄せる

人のためを思い、献身的に相手に尽くす人です。それはとてもすばらしいことですが、やりすぎてしまう傾向にあるので、ほどほどにすること。

気をつけたいのは、尽くすという行為が自己満足ではなく、本当の意味で相手のために有効なのかどうか考えることです。「尽くすこと」と「見守ること」のバランスを意識してみてはどうでしょう。

## ◉「青い手」のあなたが、さらに魅力あふれるために

「青い手」のあなたは、他人からは「癒し系」のイメージで見られることが多く、知らず知らずのうちに周りに人が集まってくるタイプです。ただし、先のことを心配し、やるべきことを抱え込みやすい面があります。

大切なのは、目の前のことをひとつひとつ手際よく処理すること。これが滞ると集中力が切れ、混乱することもあります。

また、実際に体験して覚えるタイプでもあります。味わい、感覚を体に染み込ませる意識で物事に取り組むこと。あれこれ考える以上にまず行動を起こすことで、ご縁も引き寄せられるでしょう。

## ●「青い手」の紋章をもつ人へのアプローチは？

おしゃべり好きの面をもつ「青い手」。話を聴いてくれる人に好感を抱く傾向があります。また何でも分析するクセがあるので、けっこう悲観的になり、ぼやきがちになることも。その分、大らかで多少のことは気にしないような人を心の中では求めています。同意しながらも些事にとらわれず、叱咤激励するようなスタンスが望ましいでしょう。

また「尽くす」のが好きなため、ある程度「してもらうこと」を拒絶しないことも肝心です。相手の好意をしっかりと受け取ることで、お互いの絆は深まっていくでしょう。

# 8 黄色い星
# ゆとりをもつことで美しく輝く

美意識の高い人が多く、異性から関心をもたれることの多い「黄色い星」の紋章をもつあなた。ただ、相手へのハードルを高めに設定し、タイミングを逃してしまいがち。どんな関係を築くかはさておいて、好意をもってくれた相手にまずは感謝の気持ちをもつことが鍵になります。

## ●「黄色い星」のあなたが、さらに魅力あふれるために

仕事に打ち込み、スキルを磨いていくことに生きがいを感じやすいため、人間関係がおろそかになってしまいがちな面もあります。

とくに忙しいときは、結婚など二の次になってしまうこともあるでしょう。どうか「ゆとり」を意識してください。

精神的なゆとり、時間的なゆとり、経済的なゆとりをもつことで、一段と輝ける人です。また、ゆとりがなくなると、相手に対して攻撃的になったり、不寛容になったりしてしまいがち。早めに準備をしたり、休む時間をきちんととったりしながら、ゆったりと過ごすことを心がけましょう。

## ●「黄色い星」の紋章をもつ人へのアプローチは？

「黄色い紋章」をもつ人は美しいものが好きなので、普段から、メイクやヘアケアに気をつけたり、自分に似合うファッションを探したりと、身なりを綺麗にしておくといいでしょう。

そして、とくに心がけたいのは「美しい生き方」。凛として自分らしく、変に慌てることもなく、人を妬んだりすることもなく、生活を楽しみながらゆとりをもって生きていく。そんな人に心を奪われます。

「黄色い星」は妥協を許さず、がむしゃらにがんばってしまう傾向にあるので、同じようにがんばりすぎる人とだと気が休まりません。ゆったりと向き合い、相手をそっと楽にする、そんなムードにいつしか惹かれていくタイプです。

# 9 赤い月
# ネガティブな言動を改め、直感に従う

「年収がいくらで、身長が高くて、タバコを吸わなくて……」

パートナーと聞くと、そんなふうに条件をいくつも思い描く人は多いかもしれません。

たしかに、自分がどんな人を求めているかを知ることは大切です。

しかし、パートナー探しの決め手は、最後は「直感」。あなたの心の奥は自分のソウルメイトを感じ、「ピンとくる」という信号を発して「その人があなたのパートナーである」ことを教えてくれるのです。

「赤い月」の紋章をもつあなたは、まさにそんなパートナー選びをする人。感覚にすぐれているので、自分が求めるパートナーを探し出す力があります。

**◉「赤い月」のあなたが、さらに魅力あふれるために**

色気があり、素敵なムードをもつあなた。異性として惹かれる人も多いでしょう。相手とどう信頼関係を築くかがあなたの課題です。また、ネガティブになると「どうせ私は……」と自己卑下が始まります。ネガティブな言動は、人を遠ざけてしまいます。マイナス思考の人には近づかず、思い悩みそうになっても、受け流すことを意識してください。

## ●「赤い月」の紋章をもつ人へのアプローチは？

「赤い月」は直感型。インスピレーションで「この人いいかも」「この人は合わないな」と判断するので、こちらが意図して相手の気持ちを自分に向けさせようとするのは難しいでしょう。

ただし、この紋章をもつ人は「自己肯定感」をもつ人に惹かれる傾向にあります。まずは友達として、明るくさらっとそばにいてあげること。相手が愚痴をいったり、自己卑下に陥りそうになったら、受け止めてあげて、そっと励ましてあげること。いつも明るく安定しているあなたの姿は、いつしか「赤い月」の人の「この人かもしれない」という直感を呼び覚ますかもしれません。

## 10 白い犬
# 気持ちに素直になって、愛情を注ぐ

「白い犬」の紋章をもつあなたは、愛情深く家族や仕事仲間を愛し、その愛を原動力にして、前向きに生きる人です。異性関係においても、「この人」という相手を見つけたら一直線、精一杯の愛を注ぎ「尽くすタイプ」。

一緒に語り合い、同じ空間を共有し、徐々に信頼関係を結んでいく。

そうしたプロセスの中からパートナー関係を築くパターンが多いでしょう。

### ◉「白い犬」のあなたが、さらに魅力あふれるために

他人に対してやさしく、純粋でかわいらしいあなたは、もともと周りからかわいがられるタイプ。ただ、いったん意固地になってしまうと、なかなか切り替わらないところがあります。いつも「素直であること」を心がけると、周り

の目にはよりいっそう魅力的に映るでしょう。

## ●「白い犬」の紋章をもつ人へのアプローチは？

「白い犬」の紋章をもつ人は、一緒に語り合い、同じ空間を共有する人に惹かれる傾向があります。なぜなら、「懐かしさ」と「親近感」にひかれる紋章だからです。「懐かしさ」も「親近感」も、はじめての人よりも2回目、2回目よりも3回目に会う人に対して感じるもの。

最初は友達でもいいので、なるべく会う機会を増やしていくと、お互いの距離は縮まっていくでしょう。おすすめは外食に誘うこと。雰囲気のいいお店に誘うと相手の好感を引き出せます。

ただ、礼儀正しさを重んじるので、「遅刻しそうになったら事前に連絡し、きちんと謝罪する」など、最低限のルールは守ることです。

礼儀正しく接し、信頼関係を築いていく――。

「白い犬」はそんなあなたにいつしか深い愛情を向けるでしょう。

## 11 青い猿 笑いのツボが合う人が運命の相手

笑いのツボがぴったりで、話していると笑ってばかりの友人。

一緒に遊んでいるうちに、いつの間にかパートナーに――。

「青い猿」の紋章をもつあなたに似合うのはこんなつき合い方です。笑いの絶えない関係が、あなたを幸せにしてくれるでしょう。

マイナス面よりも、輝いている部分に目がいきがちなので、ひとつのことに優れている人に惹かれます。束縛を嫌うわりには、かまってくれる人が好き。猛烈なラブレター攻撃もＯＫだった堀北真希さんの紋章も「青い猿」です。

### ●「青い猿」のあなたが、さらに魅力あふれるために？

「青い猿」は一緒にいて楽しい人なので、もともと人が周囲に集まってくる紋章なのですが、「そんなことありません！」という人は、ひょっとしたら心に傷があるのかもしれません。

「青い猿」の心の傷は楽しい場所や楽しい人と会うことで癒されます。お笑いライブを見に行ったり、会って楽しい人とお茶したり……そんな時間をもちましょう。

## ●「青い猿」の紋章をもつ人へのアプローチは？

相手の才能に惚れがちなので、ひとつのことを極めようと生きる姿が「青い猿」の人の心を捕らえます。また、ときめきのポイントは「遊び心」と「柔軟性」。どんなに美しくても、会話していてつまらない人にはあまり惹かれません。「青い猿」は、友達から親しくなっていくパターンがほかの紋章よりも目立ちます。まずは一緒に楽しい時間を過ごして、友達になることから始めてみましょう。

親しくなったら、くれぐれも「束縛」に気をつけること。きちんと目を向けながらも、基本的に信頼し自由にさせるのが、「青い猿」と良好な関係を結ぶポイントです。

## 12 黄色い人
# サポートしてくれる相手に心を開く

自由を愛し、道を極める求道者――そんな「黄色い人」のあなたにぴったりな相手は、フォローやサポートをしてくれる人です。自分から誰かを求める以上に、自分を尊重してくれる人、大事にしてくれる人を愛するようになる、というパターンが多く見られます。主導権を握って、思ったようにしたいタイプなので、どちらかというと自分に従ってくれる人とのほうがうまくいきます。

逆に、相手が仕切る場合、ついつい逃げたくなってしまうでしょう。

### ●「黄色い人」のあなたが、さらに魅力あふれるために？

「黄色い人」のあなたはセンスがよく、周りの人への影響力もあるため、人の目を惹きます。

もしまだ、良い出会いに恵まれていないのなら、思い切って間口を広げてみましょう。理想のタイプが「頼り甲斐のある年上」だとしたら、「やさしく一途に慕ってくれる年下」とか「安心感を与えてくれる同い年」など、自分の紋章に合った相手に目を向けてみること。

運命の出会いがぐっと引き寄せられるでしょう。

## ●「黄色い人」の紋章をもつ人へのアプローチは？

「黄色い人」はセンスの良い人に弱いので、ウィンドウショッピングなどでセンスを磨いたり、相手がどんなファッションやインテリアが好きなのかをリサーチしてみるのも効果的。

また、この紋章の注目を集める鍵は「安心感」です。相手に安心感を与えるのは、自分の安定した心。イライラカリカリしてしまうなら、いったん自分の心と向き合い、癒してから相手と向き合いましょう。

いつもにっこり微笑んで、話を聞いてくれ、あたたかくサポートしてくれる。そんな人にイチコロになるのが、この「黄色い人」の特徴なのです。

# 13 赤い空歩く人
# 姉御、兄貴キャラで愛される

「赤い空歩く人」の紋章をもつあなたは、感受性が強く傷つきやすい人。過去に他人から傷つけられた経験があると、新しい出会いに尻込みしてしまいます。

しかし、人から受けた心の傷は、人でしか癒せません。もしも、傷つけられた記憶があるのなら、思い直してみましょう。「もしかしたら、過去に人から傷つけられたっていうのは誤解かもしれない」と。そうとらえ直して積極的に「いい出会い」を探してみてください。

ポイントは「同じ空間を共有すること」。あなたには「空間」というテーマがあります。SNSなどで探すのではなく、友達の紹介やお見合いなど、実際に会ってみることをおすすめします。

好感をもつのは距離感を大切にする人。ひとりの時間がないとストレスがたまってしまうので、ひとり時間を尊重してくれる相手を選ぶと良いでしょう。

## ◉「赤い空歩く人」のあなたが、さらに魅力あふれるために？

品があり、面倒見の良いあなたはもともと人気者ですが、姉御キャラ、兄貴キャラを意識することで魅力がいっそう引き出されます。

女性らしさ男性らしさを残しつつ、相手をさりげなくリードしてあげる。相手の状況をしっかり見てあげて、ここぞというときに励ましてあげる。そんな大人のふるまいが人々を惹きつけるポイントです。

## ◉「赤い空歩く人」の紋章をもつ人へのアプローチは？

繊細でパーソナルスペースを大事にするため、ずかずかと距離をつめてくるような、デリカシーのない人が苦手です。また、貸すといっていた本をちゃんともってくる……など小さな約束を守ることで、信頼関係を深めていくこともポイント。普段から強がる面がありますが、実は心を開きたいと思っています。まずはこちらから心を開いてみること。そして、距離を詰めずに、ゆっくり見守ってあげる――そんな人に心を許すようになるでしょう。

# 14 白い魔法使い サプライズな出会いに注目

まさか、こんな理想とはまったくかけ離れた人とおつき合いするなんて。

まさか、駅のホームでぶつかった人がパートナーになるなんて。

まさか、10歳以上年下の人と結婚するなんて。

こんな「まさか」なことが現実に起きるのが「白い魔法使い」の紋章をもつあなた。この紋章はサプライズな出会いや予期せぬ結婚が多いのが特徴です。

常識的で、なんでも想定内で行動したいタイプだからこそ、逆に想定外のことに魅力を感じてしまいがち。

「ポイントは、相手との出会いが想定外だったとしても、「こんなの私の理想じゃないわ」などと拒絶しないこと。目の前の流れに乗ってみることが、幸せな出会いを引き寄せる秘訣です。

## ◉「白い魔法使い」のあなたが、さらに魅力あふれるために

「年収〇〇〇万以上じゃないと」など打算的な計算をしがちです。自分だけがトクしようとせず、そのときの流れにゆったり身をまかせ、「来る者こばまず去る者追わず」のスタンスでゆったりふるまうあなたに、出会いの女神はほほえんでくれるでしょう。

想定していた条件や理想をいったん手放してみましょう。

## ◉「白い魔法使い」の紋章をもつ人へのアプローチは？

サプライズが大好きです。遠距離なのに飛行機で会いにいく。突然プレゼントを渡してみる、ヘアスタイルを変えて、イメチェンしてみる……など、相手をハッとさせることで、2人の距離はぐっと縮まります。

また「承認願望」が強いことも特徴のひとつ。相手のいいところを見つけたら、ちょっと大げさかな、というくらいのオーバーアクションで伝えて、心から認めてあげましょう。

## 15 青い鷲 心が通じ合う人に強く惹かれる

「青い鷲」の紋章をもつあなたは、好きになると、仕事にしろ恋愛にしろ、そのことで頭がいっぱいになってしまう傾向があります。

友達として仲良くしているうちにおつき合いを始めて……という展開がほとんどなく、最初から、「この人は友達」「この人はパートナー」と振り分けるパターンが多いでしょう。「青い鷲」には「心」という意味があります。そのため心を動かされる人に強く惹かれます。自分とちがう感性をもっている人や特異な分野で活躍する人に興味津々です。

また、熱くなる面と冷静沈着によく相手を観察する両面をもっています。

### ◉「青い鷲」のあなたが、さらに魅力あふれるために

「どうしたら相手が喜んでくれるか」を意識しましょう。「私はどう思われているか」よりも「自分は相手に何ができるか」「相手は何をしてほしいか」という視点をもち、実際に行動していくことで、あなたの魅力を存分にアピールすることができます。

また、ネガティブな気持ちに陥りやすいので、自分の心を整えることも大切。心が良い状態であればあるほど、良い関係を築けます。

## ●「青い鷲」の紋章をもつ人へのアプローチは？

「心」が通じ合うと、一気にテンションが高まります。

最初に「友達ボックス」に入れられてしまうと、なかなか「パートナーボックス」に入れ替えてもらえません。もしも、相手が自分に気のないそぶりを見せたら、イメージチェンジをしてみてはいかがでしょうか？

相手の嗜好をリサーチして、ファッションやメイクで近づける、これまでの自分とはまったく別のイメージに変えて驚かせる……その「心」が相手の感動を引き出し、２人の距離が縮まるかもしれません。

# 16 黄色い戦士
# ひたむきで前向きな姿が愛される

ともに目的に向かって進み、自分を高め、ともに喜怒哀楽を味わう。「黄色い戦士」の紋章をもつあなたは、そんな戦友のような関係を好みます。ただの友達がパートナーと変わるパターンも多いでしょう。

ただし、自分が納得した相手でないと親しい関係に発展することはありません。押されておつき合いするタイプではなく、「この人だ！」と感じたら自分から向かっていくタイプです。

また、まじめで実直なあなたは、思ったことを口に出してしまうことで、関係が危うくなりがち。いうべきではないことを分別することで、よりすばらしい関係を築けるでしょう。

## ●「黄色い戦士」のあなたがより愛されるには？

ポジティブで前向き、チャレンジしていく姿が周りの人を魅了します。

出会いを求めたり、婚活したりするより、仕事や趣味などやるべきこと、やりたいことに熱中しているときのほうが注目を集めるでしょう。あなたの「ひたむきな姿」に愛は注がれます。あなたは、あまり恋愛を意識しないほうがいいのかもしれません。

## ●「黄色い戦士」の紋章をもつ人へのアプローチは？

「恋愛でときめきたい」というより、強い信頼で結ばれたパートナーシップを求めます。仕事など同じプロジェクトを一緒にし、喜怒哀楽をともにしていくと2人の距離は縮まるでしょう。

なんらかの共通項を探して、一緒に何かやってみること。相手が興味のありそうな映画や話題に出たレストランに誘ってみる……など、どんどん行動をともにしてみると良いでしょう。なにしろ好奇心の強い紋章です。

最初は友達として、たくさんの時間を過ごし、気づいたら思いを寄せていた――そんな展開が大いにありえます。

# 17 赤い地球
# 心のつながりを求め、絆を大切にする

「赤い地球」の紋章をもつあなたは、「心のつながり」を強く求めています。その分、心の奥に「さみしさ」を抱えやすいので、どんなに相手が尊敬できても、どんなに多くの時間を一緒に過ごしても、心のつながりを感じられない関係には満足できません。

ロマンチストでさみしがり屋ですが、相手を束縛したりはしないでしょう。ポイントは言葉と行動です。気持ちを言葉で伝え、思いやりのある行動をとれる相手とならば、あなたは「心のつながり」を感じることができるでしょう。

## ◉「赤い地球」のあなたが、さらに魅力あふれるために？

バランス感覚にすぐれ、人から相談されることも多いあなた。

話をじっくり聴き、相談に乗ってあげることで、相手の心を開かせることができます。また、真摯に相手に向き合うことは、自分と向き合うことにもなります。すると、心は静かな充実感に満たされます。そんなプロセスの中で、あなたは相手にとって手放せない存在になれるでしょう。

## ●「赤い地球」の紋章をもつ人へのアプローチは？

心を開いて語り合うことで、深いつながりを感じるタイプです。鍵はタテマエやお世辞をやめて、本音で語り合うこと。それができれば、会うたびに距離は縮まっていきます。また、自分のペースやスタンスをとても大切にしています。そのため、可能なかぎり相手のペースを尊重することです。こちらのペースに合わせ過ぎると相手は苦しくなってしまうでしょう。

「赤い地球」は言葉に対して敏感に反応する細やかさをもっています。相手を尊重し、気持ちを察することで、欠かすことのできない深い絆で結ばれるようになるでしょう。

# 18

## 白い鏡
# 純粋な透明感に磨きをかける

「白い鏡」の紋章をもつあなたは、パートナーに「安心感」を求めます。

普段はやさしく見守ってくれていて、ここぞというとき本気で助けてくれる――そんな「守ってくれる存在」に惹かれるでしょう。

ただし、男性からは「自立した女性」と見られがちなので、「守ってくれる頼りがいのある男性」よりも、「やさしくて、どちらかというと女性に頼りたい」という真逆のタイプに関心をもたれます。実際に自立心が強いため、必ずしもパートナーを必要としない場合もあります。

また、昨日ベタベタしていたと思ったら、今日は急に「近寄らないで！」となるなど、真逆の態度をとることもあります。わがままなのではなく、その日によって微妙にスタンスが変わるのです。鏡は近づくと曇ってしまいます。より良い関係を築くためには、上手に距離感を察知できる相手がいいでしょう。

## ●「白い鏡」のあなたが、さらに魅力あふれるために？

「白い鏡」という言葉通り、心の奥に美しい鏡をもつため、透明感と純粋さが魅力のあなた。もしも、私利私欲で相手を探そうとした場合、あなたのもつ魅力（美しい鏡）は曇ってしまうでしょう。年収や学歴など表面的な条件に惑わされず、相手の内面を見ようとすること。そんなあなたのピュアさに相手は惹きつけられます。

## ●「白い鏡」の紋章をもつ人へのアプローチは？

自立心が強く甘えないで生きてきた「白い鏡」。

だからこそ頼りになる存在を求めています。「あなたに何があっても、守ってあげる」という姿勢にときめきを感じるでしょう。

ただし、真面目で厳格なところがあるので、時間にルーズだったり、いってることとやってることがちがっていたりする相手には幻滅を感じてしまいます。

ルールや約束を守ることが愛と信頼を得る秘訣です。

# 19 青い嵐
# 互いに理解し合う関係を築く

「青い嵐」の紋章をもつあなたは、パートナーに対して、惚れ込んだら一直線。もともと、仕事でも趣味でも惚れ込み、のめり込むことで、強烈なエネルギーを発揮できる人です。

あなたにとってパートナーは、人生をガラッと変えてしまうくらい強い影響力があるものなのです。徹底的に相手に惚れ込むため、たとえその関係がダメになったとしても、あなたにとってはすばらしい体験になり、それが宝となるでしょう。

## ◉「青い嵐」のあなたが、さらに魅力あふれるために？

思い込みが強いため、ちょっとでも相手に不信感をもつと、疑い深くなってしまいます。相手に過度の依存心をもたないよう心がけましょう。

わかってほしいという思いも根底にあるため、頻繁に連絡をとらないと不安になりがちです。

ポイントは自分が相手の理解者になり、相手が自分の理解者になるという関係を築くこと。お互いが「よき理解者である」という感覚をどのくらいもてるかが、より良い関係を築く鍵でしょう。

## ●「青い嵐」の紋章をもつ人へのアプローチは？

「かまどの神」という意味のある「青い嵐」の人は、グルメな人が多く、味覚を大切にするので、おいしいものを食べさせてくれる相手に惹かれます。

料理の腕を磨いて、相手にふるまってみる。

おいしい店をリサーチして、誘ってみる。

そんなアプローチが効果的です。

おいしいものを一緒に食べながら、お互いの話をじっくり聴く。そして、「最高の理解者だな」と感じてもらうことができれば、関係は加速します。

# 20 黄色い太陽
# 周囲を明るく照らす主人公になる

「黄色い太陽」の紋章をもつあなたは、主人公気質。存在感があるので多くの人を惹きつけます。また、すべての関係において自分が主導権を握りがちです。しかし、そうすることで、相手の気持ちをないがしろにしてしまったり、相手に対して「もの足りなさ」を感じるようになると、関係がギクシャクしてしまいます。

こうした自分の気質を知り、つねに相手に対する配慮や感謝の気持ちを忘れないように心がけましょう。

## ●「黄色い太陽」のあなたが、さらに魅力あふれるために

ぱっと目立つ存在のあなた。自分の思いを通したい気持ちが強いため、女性

は男性から「女性」として見られなくなることがあるかもしれません。「敷居が高い」と思われている可能性もあります。親しい関係を築くため、あえて自分から好意を伝えてみましょう。そして、相手の意見を尊重し、相手の気持ちによりそうスタイルであなたの魅力は輝きを増します。

## ●「黄色い太陽」の紋章をもつ人へのアプローチは？

「黄色い太陽」をもつ人は、「頼まれごと」をされたり、誰かの役に立ったりすることが好きです。「協力していただけませんか？」「おすすめのお店はありませんか？」など、ちょっとしたお願いをしてみるといいでしょう。しっかりとした対応をしてくれるはずです。あなたの喜ぶ姿が相手の好感を引き出すのでしょう。

また、責任感が強く、オープンな関係を好むタイプです。結婚が頭をよぎったら、友達やご両親に紹介するなど、オフィシャルな関係になることで、２人の距離はどんどん縮まっていくはずです。

●Column●

## 「マヤ暦」のリズムに乗るために

人生にシンクロニシティやミラクルを起こしたいのなら、「本当の自分」に向かうこと。そして、「マヤ暦」のリズムに乗って生きることです。

「マヤ暦」のリズムに乗る効果的な方法は「日記」。まずは簡単に、日々の出来事やご自身が感じたことなどを記してください。

そして、そこに日々のＫＩＮナンバーや「銀河の音」を書き加えていくこと。

23ページで「地球上に毎日それぞれ別のエネルギーが流れている」とお話ししました。そして、生まれた日のエネルギーから「生まれてきた目的」を割り出してきましたが、もちろん「生まれてきた日」だけではなく、今日も明日も、毎日それぞれのエネルギーが地球上に降り注いでいます。

そのエネルギーを日々のＫＩＮナンバーや「銀河の音」によって意識していくことで、「マヤ暦」の本質である13のリズムを徐々に体感できるようになるでしょう。

今日どんなエネルギーが流れているかを調べる方法は、一般社団法人 シンクロニシティ研究会刊行『マヤミラクルダイアリー』をご参考にしてみてください。

「日記」をつけることは、「自分と向き合い、「無意識レベル」をメンテナンスすることにもなります。「マヤ暦」のリズムに乗りながら、「本当の自分」に向かっていくことで、人生はみるみる変容を遂げるでしょう。

第3部

——人と向き合うと、あなたの魂が輝き出す

# 「マヤ暦」が指し示す、「人間関係」の築き方

# 「類似」「反対」「神秘」「ガイド」の関係とは何か？

第1部では、「生まれてきた目的」と「本当の自分で生きる方法」を、第2部では「パートナーと出会い、絆を深める方法」をお話ししてきましたが、第3部では、「人間関係」について取り上げたいと思います。

ここまで何度か、「イン・ラケッチ（わたしはもうひとりのあなたです）」というマヤの言葉をご紹介してきました。

**このイン・ラケッチにこそ、マヤの精神が秘められています。**

わたしはもうひとりのあなた――この視点で考えると、「他者を知ることは、自分を知ること」になります。少しでも相手を知り、理解することが、自分を知り、また自分が理解されることにつながるのです。

人間のことをよく「小宇宙」と表現しますが、ひとりの人と向き合うことは、自分自身と向き合うことでもあり、宇宙と向き合うことにつながります。オープンハートで人と向き合うことで多くの気づきを得、魂の成長は大いに加速することでしょう。

またイン・ラケッチは「私とあなたに境目がないこと」を意味しています。言葉を換えれば私もあなたも「ワンネス（ひとつのもの）」です。

自分の都合、事情、気持ちだけを優先させるのではなく、自分と同じものである相手の都合、事情、気持ちを思いやること。イン・ラケッチは相手を尊重することを教えてくれているのです。

## 人間関係において大事なことは「お互いの『ちがい』を知り、認める」ことです。

ちがいを認めるだけで、私たちは寛容な心をもちやすくなりますし、相手を許しやすくもなるのです。それだけでトラブルは激減するでしょう。

「太陽の紋章」は20、ＫＩＮナンバーは２６０あります。

「太陽の紋章」ごとに、そして、ＫＩＮナンバーごとに、生まれてきた目的、魂の方向性、考え方、感じ方すべてちがいます。「マヤ暦」はお互いが「ちがう特徴がある」ことを教えてくれているのです。

「マヤ暦」の根底にあるこれらの精神を理解した上で、第3部では、紋章ごとにひとつひとつの関係性を見ていきます。

マヤでは「相性がいい」「相性が悪い」などと「吉凶」でものを考えないということはお話ししました。その代わりに、「この紋章とこの紋章はどういう関係性にあるか」ということを読み解いていきます。似ているのか、ちがいがあるのか。お互いがお互いにとってどんな役割をもっているのか。

**こうしたある紋章と紋章の関係を、「類似」「反対」「神秘」「ガイド」という言葉で表しています。**

それぞれの関係には様々な特徴がありますので、ご紹介していきましょう。

### ――コード同士を足して19になる相手

# 「類似」互いの感覚が似ていて通じやすい

**「類似」は簡単にいうと、互いの感覚が似ていて、意思が通じやすい関係です。**

互いに理解しやすく違和感が少ないため、相手の良いところを学び、容易にそれを吸収できます。同じゴールを目指して進むなど、パートナーシップが大事なときにもっとも効果を発揮する間柄でしょう。

その場合、時折、ゴールが違わないようにしっかりコミュニケーションを取り、確認することが大切です。

それでは割り出し方をご説明いたします。

まずは次のコード表をごらんください。

1赤い龍　2白い風　3青い夜　4黄色い種　5赤い蛇　6白い世界の橋渡し　7青い手　8黄色い星　9赤い月　10白い犬　11青い猿　12黄色い人　13赤い空歩く人　14白い魔法使い　15青い鷲　16黄色い戦士　17赤い地球　18白い鏡　19青い嵐　0黄色い太陽　※黄色い太陽はコード20であり、コード0でもあります。マヤは20進法のため「20＝0」となります。

ご自身の「太陽の紋章」の上にある数字が「コード」です。

「類似」「反対」「神秘」の関係はこのコードで割り出していきます。

「類似」はこのコード同士を足して19になる関係です。

19　－　あなたのコード　＝　「類似」関係にある相手のコード

たとえばあなたの紋章が「青い夜」だとしたら、コードは3ですから、「19－3＝16」となり類似の相手は16すなわち、「黄色い戦士」ということになります。次のページには「類似」の関係における「紋章ごとの特徴」を図にしました。参考にしてみてください。

## 太陽の紋章別「類似」の関係

35ページの「ツォルキン表」から割り出した「太陽の紋章」の関係性を見ます。
同じ「類似」の関係であっても、紋章ごとに様々な特徴が見られます。

| | | | |
|---|---|---|---|
| 赤い龍① | × | 白い鏡⑱ | 果てしない無限のエネルギーを感じ合い、上昇気流に互いを乗せ合う関係 |
| 白い風② | × | 赤い地球⑰ | 互いに語り合うことで、つながりが強固になる関係 |
| 青い夜③ | × | 黄色い戦士⑯ | ともに小さな達成感を積み重ねることで、活動のステージが上がっていく関係 |
| 黄色い種④ | × | 青い鷲⑮ | 同じテーマを深く掘り下げることで、新たな気づきを得る関係 |
| 赤い蛇⑤ | × | 白い魔法使い⑭ | 互いの関心・承認を受け、パワーアップし合う関係 |
| 白い世界の橋渡し⑥ | × | 赤い空歩く人⑬ | 互いの結びつき以外にも、多くの人をつないでいくことで成長し合える関係 |
| 青い手⑦ | × | 黄色い人⑫ | 互いに理解し合うことで、心地よさを味わっていく関係 |
| 黄色い星⑧ | × | 青い猿⑪ | 一緒にいることで、芸術的、創造的な力が溢れ出てくる関係 |
| 赤い月⑨ | × | 白い犬⑩ | ともに信じた道を一途に突き進み、忍耐強く困難を乗り越える関係 |
| 黄色い太陽⓪ | × | 青い嵐⑲ | 「未知の領域」を伝え合い、視点を広げ合う関係 |

――自分のコードと10ちがいの相手

## 「反対」相手が見えにくい背中合わせの関係

「反対」の関係は、わかりやすくいうと「背中合わせで立っている」感じです。

これは「性格が合わない」という単純なものではありません。たとえば背中合わせで立っていると、互いに相手が見えず、見ている景色も違います。つまり「反対」の関係は「感覚や視点に大きなちがいがある」ということです。

**逆にいえば、自分の見えなかった景色を見せてくれる存在であり、自分の視野を広げ、感性をより豊かにしてくれる存在ともいえるでしょう。**

「ちがう」存在はあなたに刺激と学びを与えてくれます。ここで大事なことは「ちがいを認める」「尊重する」という姿勢です。あくまで「みんなちがって、みんないい」という広い心をもつことで、より効果を発揮します。

「反対」の相手は、自分のコードに10をプラス、もしくはマイナスして割り出すことができます。

A　自分のコード　＋　10　＝　「反対」関係にある相手のコード

ただし、この式で相手のコードが20以上になってしまう場合、Bの式を使ってください。

B　自分のコード　－　10　＝　「反対」関係にある相手のコード

たとえば、あなたの紋章が「青い夜」だとしたら、コードは3ですから、「3（青い夜）＋10＝13」となり反対の相手は13、すなわち、「赤い空歩く人」になります。

もしも、あなたの紋章が「青い猿」だとすると、コードは11ですから、「11（青い猿）＋10＝21」となり20を超えてしまいます。その場合、Bの式に変更してください。「11（青い猿）－10＝1」となり、反対の相手は1、すなわち「赤い龍」になります。

## 太陽の紋章別「反対」の関係

35ページの「ツォルキン表」から割り出した「太陽の紋章」の関係性を見ます。
同じ「反対」の関係であっても、紋章ごとに様々な特徴が見られます。

| | | | |
|---|---|---|---|
| 赤い龍① | × | 青い猿⑪ | 赤い龍は「正統的な生き方」を望み、青い猿は「オリジナルの生き方」を望みます |
| 白い風② | × | 黄色い人⑫ | 白い風は「主観的視点」で物事をとらえ、黄色い人は「客観的視点」で物事をとらえます |
| 青い夜③ | × | 赤い空歩く人⑬ | 青い夜は「タイミング」にこだわり、赤い空歩く人は「距離感」にこだわります |
| 黄色い種④ | × | 白い魔法使い⑭ | 黄色い種は「幅広く」求め、白い魔法使いは、「一途」に求めます |
| 赤い蛇⑤ | × | 青い鷲⑮ | 赤い蛇は「体感」に敏感な「情熱」の人、青い鷲は「直感」に優れた「冷静」な人です |
| 白い世界の橋渡し⑥ | × | 黄色い戦士⑯ | 白い世界の橋渡しは「ことを荒立てない」性質、黄色い戦士は「戦いも厭わない」性質です |
| 青い手⑦ | × | 赤い地球⑰ | 青い手は「頭脳」を使う「分析型」。赤い地球は「ハート」を使う「感覚型」です |
| 黄色い星⑧ | × | 白い鏡⑱ | 黄色い星は「外面的な美しさ」に敏感であり、白い鏡は「内面的な美しさ」を大切にします |
| 赤い月⑨ | × | 青い嵐⑲ | 赤い月は新しい流れを呼び込むことで成果をあげ、青い嵐は情熱をもって周りを巻き込むことで成果をあげます |
| 白い犬⑩ | × | 黄色い太陽⓪ | 白い犬は「人に仕えること」に喜びを感じ、黄色い太陽は「リーダーシップ」をとることで輝きます |

## ――コード同士を足して21になる相手

# 「神秘」過去世などで関わりがあり、覚醒作用がある

「神秘」はとても刺激的で、ワクワクするような関係です。

たとえるなら、お互いが向き合っている関係。本来ならば、向き合っているのですから、お互いのことがよく見えるはずですが、なぜその関係を「神秘」と表現するのでしょう。

それは、今の2人だけではなく、過去世での関わりがあったり、先祖同士にご縁があったりと、ときを超えた思いが重なっている場合があるからです。

この関係は次元を超えた関係のため、本来は強い覚醒作用があります。出会うことで、お互いのミッションや本来の姿に気づくことができる、そんな関係なのです。

この関係をよりよく機能させるには、自分の心の反応を冷静に観察すること。相手と一緒にいるとき、自分は実際にどんな気持ちになるのか、本当はどう

したいのか……感情が先行しがちな関係だけに、冷静さが問われるのです。

「神秘は」は152ページのコード同士を足して21になる関係です。

21　－　あなたのコード　＝　「神秘」関係にある相手のコード

たとえばあなたの紋章が「青い夜」だとしたら、コードは3ですから、「21－3＝18」となり、神秘の相手は18すなわち「白い鏡」ということになります。

このとき「黄色い太陽」はコード0ではなく、コード20として計算しますので、ご注意ください。

「21－20（黄色い太陽）＝1」で神秘の相手は1の「赤い龍」になります。

次のページには「神秘」の関係における「紋章ごとの特徴」を図にしました。

参考にしてみてください。

## 太陽の紋章別「神秘」の関係

35ページの「ツォルキン表」から割り出した「太陽の紋章」の関係性を見ます。
同じ「神秘」の関係であっても、紋章ごとに様々な特徴が見られます。

| | | | |
|---|---|---|---|
| 赤い龍① | × | 黄色い太陽⑳ | 互いに責任を果たし合う関係 |
| 白い風② | × | 青い嵐⑲ | 思いやメッセージを伝え合う関係 |
| 青い夜③ | × | 白い鏡⑱ | 互いの感覚や関わる環境を整え合う関係 |
| 黄色い種④ | × | 赤い地球⑰ | 刺激し合い、吸収し合う関係 |
| 赤い蛇⑤ | × | 黄色い戦士⑯ | 正直に生きる勇気を与え合う関係 |
| 白い世界の橋渡し⑥ | × | 青い鷲⑮ | 一緒にいることでモチベーションを維持し合う関係 |
| 青い手⑦ | × | 白い魔法使い⑭ | 一緒に様々な体験を味わうことで、覚醒していく関係 |
| 黄色い星⑧ | × | 赤い空歩く人⑬ | 「広い心」をもつことの大切さを伝え合う関係 |
| 赤い月⑨ | × | 黄色い人⑫ | それぞれがひとつのことを極めていくことで、刺激し合う関係 |
| 白い犬⑩ | × | 青い猿⑪ | 忠実に再現すること、オリジナリティを出すこと、それぞれの大切さを教え合う関係 |

――「銀河の音」から導き出す相手

# 「ガイド」灯台のように方向性を指し示してくれる

長い人生の中いろいろな局面で、方向性を失ったり、迷ったりすることもあるでしょう。そんなとき、灯台のように方向を指し示してくれる存在がいれば、どれほど心強いか。

そんなサポート役が「ガイド」の関係です。

「ガイド」とは一緒にいるだけで力が湧いてきたり、助けられたりするでしょう。ただときには、「ガイド」が先駆けて失敗し、反面教師の役割を果たす場合もあります。

**大きな特徴は、他の関係性が双方向なのに対して、「ガイド」は一方向という点です。**

相手が自分の「ガイド」だからといって、自分が相手の「ガイド」だとは限りません。

ただし、「ガイド」の一方向の関係は最初のきっかけにすぎません。やがて双方向に転換され、助け合う関係を築けたら、長い生涯にわたるつき合いにつながります。自分の周りに「ガイド」の関係である人が多くいればいるほど、応援される人生になるでしょう。

「ガイド」の割り出し方は、コラムでご紹介した「銀河の音」を使います。

35ページのツォルキン表と96ページのコラムから自分の「銀河の音」が何かを見つけてください。

そして、次の表と照らし合わせください。

「青い夜」で銀河の音が7であれば、「青い夜」と「2、7、12」が交差する「青い鷲」が「ガイド」。「ガイド」は必ず、自分の紋章と同じ色になります。

## あなたの「ガイド」の紋章の出し方

35ページの「ツォルキン表」から割り出した自分の「太陽の紋章」を縦軸から探してください。

同じく「ツォルキン表」と96ページのコラムから割り出した自分の「銀河の音」を横軸から探してください。

交差したところに書かれてあるのが、あなたの「ガイド」がもつ「太陽の紋章」です。

自分にとって「ガイド」でも、相手にとって自分が「ガイド」であるとは限りません。

| | 銀河の音 | 1、6、11 | 2、7、12 | 3、8、13 | 4、9 | 5、10 |
|---|---|---|---|---|---|---|
| 太陽の紋章 | 黄色い太陽 | 黄色い太陽 | 黄色い人 | 黄色い種 | 黄色い戦士 | 黄色い星 |
| | 赤い龍 | 赤い龍 | 赤い空歩く人 | 赤い蛇 | 赤い地球 | 赤い月 |
| | 白い風 | 白い風 | 白い魔法使い | 白い世界の橋渡し | 白い鏡 | 白い犬 |
| | 青い夜 | 青い夜 | 青い鷲 | 青い手 | 青い嵐 | 青い猿 |
| | 黄色い種 | 黄色い種 | 黄色い戦士 | 黄色い星 | 黄色い太陽 | 黄色い人 |
| | 赤い蛇 | 赤い蛇 | 赤い地球 | 赤い月 | 赤い龍 | 赤い空歩く人 |
| | 白い世界の橋渡し | 白い世界の橋渡し | 白い鏡 | 白い犬 | 白い風 | 白い魔法使い |
| | 青い手 | 青い手 | 青い嵐 | 青い猿 | 青い夜 | 青い鷲 |
| | 黄色い星 | 黄色い星 | 黄色い太陽 | 黄色い人 | 黄色い種 | 黄色い戦士 |
| | 赤い月 | 赤い月 | 赤い龍 | 赤い空歩く人 | 赤い蛇 | 赤い地球 |
| | 白い犬 | 白い犬 | 白い風 | 白い魔法使い | 白い世界の橋渡し | 白い鏡 |
| | 青い猿 | 青い猿 | 青い夜 | 青い鷲 | 青い手 | 青い嵐 |
| | 黄色い人 | 黄色い人 | 黄色い種 | 黄色い戦士 | 黄色い星 | 黄色い太陽 |
| | 赤い空歩く人 | 赤い空歩く人 | 赤い蛇 | 赤い地球 | 赤い月 | 赤い龍 |
| | 白い魔法使い | 白い魔法使い | 白い世界の橋渡し | 白い鏡 | 白い犬 | 白い風 |
| | 青い鷲 | 青い鷲 | 青い手 | 青い嵐 | 青い猿 | 青い夜 |
| | 黄色い戦士 | 黄色い戦士 | 黄色い星 | 黄色い太陽 | 黄色い人 | 黄色い種 |
| | 赤い地球 | 赤い地球 | 赤い月 | 赤い龍 | 赤い空歩く人 | 赤い蛇 |
| | 白い鏡 | 白い鏡 | 白い犬 | 白い風 | 白い魔法使い | 白い世界の橋渡し |
| | 青い嵐 | 青い嵐 | 青い猿 | 青い夜 | 青い鷲 | 青い手 |

# 同じ紋章同士の関係は？

「青い夜」と「青い夜」など「同じ紋章」同士は、感覚が似ていて「あ・うんの呼吸」で通じ合える面をもっています。そのため一緒にいても気が楽で居心地がいいでしょう。

もしそうでない場合は、紋章のマイナス面が出ていることになります。

ここで気をつけたいのは、気心が知れて安心な面はあるのですが、時間の経過とともに刺激が薄れてくること。

人間は無限の可能性と深みをもった存在です。これを実感し、慣れ合いにならないように、目に見えないもの、たとえば「愛」「思いやり」「信頼」などを大切に、日々過ごすこと。すると、深い安らぎとともに、深い領域で通じ合える喜びを体感できるようになるでしょう。

# それ以外の関係は？

「類似」「反対」「神秘」「ガイド」、そして同じ紋章同士についてお話ししてきました。最後にそれ以外の関係についてお伝えしましょう。

基本的に今までお話しした「関係性」と「縁」は、合致するものではありません。たとえ関係性がなくても「縁」があれば出会うでしょう。ただ、関係性がある場合とない場合は、傾向がかなり違ってきます。関係性があるほうが、一緒に過ごす時間が長くなり、共通点も多くなるでしょう。

たとえば親子関係では、関係性がない場合、子供は自立心が強く、親のいうことをどちらかというと聞かないことも多いでしょう。また家を早くから出る可能性がありますが、その分、社会に出ると驚くほど成長します。

夫婦などで、ともに過ごす時間が短い場合、関係性があると不仲の原因になりますが、関係性がない場合は、さほど問題にはならないでしょう。

## 1910・1962・2014年

| | 1月 | 2月 | 3月 | 4月 | 5月 | 6月 | 7月 | 8月 | 9月 | 10月 | 11月 | 12月 |
|---|---|---|---|---|---|---|---|---|---|---|---|---|
| 1 | 63 | 94 | 122 | 153 | 183 | 214 | 244 | 15 | 46 | 76 | 107 | 137 |
| 2 | 64 | 95 | 123 | 154 | 184 | 215 | 245 | 16 | 47 | 77 | 108 | 138 |
| 3 | 65 | 96 | 124 | 155 | 185 | 216 | 246 | 17 | 48 | 78 | 109 | 139 |
| 4 | 66 | 97 | 125 | 156 | 186 | 217 | 247 | 18 | 49 | 79 | 110 | 140 |
| 5 | 67 | 98 | 126 | 157 | 187 | 218 | 248 | 19 | 50 | 80 | 111 | 141 |
| 6 | 68 | 99 | 127 | 158 | 188 | 219 | 249 | 20 | 51 | 81 | 112 | 142 |
| 7 | 69 | 100 | 128 | 159 | 189 | 220 | 250 | 21 | 52 | 82 | 113 | 143 |
| 8 | 70 | 101 | 129 | 160 | 190 | 221 | 251 | 22 | 53 | 83 | 114 | 144 |
| 9 | 71 | 102 | 130 | 161 | 191 | 222 | 252 | 23 | 54 | 84 | 115 | 145 |
| 10 | 72 | 103 | 131 | 162 | 192 | 223 | 253 | 24 | 55 | 85 | 116 | 146 |
| 11 | 73 | 104 | 132 | 163 | 193 | 224 | 254 | 25 | 56 | 86 | 117 | 147 |
| 12 | 74 | 105 | 133 | 164 | 194 | 225 | 255 | 26 | 57 | 87 | 118 | 148 |
| 13 | 75 | 106 | 134 | 165 | 195 | 226 | 256 | 27 | 58 | 88 | 119 | 149 |
| 14 | 76 | 107 | 135 | 166 | 196 | 227 | 257 | 28 | 59 | 89 | 120 | 150 |
| 15 | 77 | 108 | 136 | 167 | 197 | 228 | 258 | 29 | 60 | 90 | 121 | 151 |
| 16 | 78 | 109 | 137 | 168 | 198 | 229 | 259 | 30 | 61 | 91 | 122 | 152 |
| 17 | 79 | 110 | 138 | 169 | 199 | 230 | 260 | 31 | 62 | 92 | 123 | 153 |
| 18 | 80 | 111 | 139 | 170 | 200 | 231 | 1 | 32 | 63 | 93 | 124 | 154 |
| 19 | 81 | 112 | 140 | 171 | 201 | 232 | 2 | 33 | 64 | 94 | 125 | 155 |
| 20 | 82 | 113 | 141 | 172 | 202 | 233 | 3 | 34 | 65 | 95 | 126 | 156 |
| 21 | 83 | 114 | 142 | 173 | 203 | 234 | 4 | 35 | 66 | 96 | 127 | 157 |
| 22 | 84 | 115 | 143 | 174 | 204 | 235 | 5 | 36 | 67 | 97 | 128 | 158 |
| 23 | 85 | 116 | 144 | 175 | 205 | 236 | 6 | 37 | 68 | 98 | 129 | 159 |
| 24 | 86 | 117 | 145 | 176 | 206 | 237 | 7 | 38 | 69 | 99 | 130 | 160 |
| 25 | 87 | 118 | 146 | 177 | 207 | 238 | 8 | 39 | 70 | 100 | 131 | 161 |
| 26 | 88 | 119 | 147 | 178 | 208 | 239 | 9 | 40 | 71 | 101 | 132 | 162 |
| 27 | 89 | 120 | 148 | 179 | 209 | 240 | 10 | 41 | 72 | 102 | 133 | 163 |
| 28 | 90 | 121 | 149 | 180 | 210 | 241 | 11 | 42 | 73 | 103 | 134 | 164 |
| 29 | 91 | | 150 | 181 | 211 | 242 | 12 | 43 | 74 | 104 | 135 | 165 |
| 30 | 92 | | 151 | 182 | 212 | 243 | 13 | 44 | 75 | 105 | 136 | 166 |
| 31 | 93 | | 152 | | 213 | | 14 | 45 | | 106 | | 167 |

## 1911・1963・2015年

| | 1月 | 2月 | 3月 | 4月 | 5月 | 6月 | 7月 | 8月 | 9月 | 10月 | 11月 | 12月 |
|---|---|---|---|---|---|---|---|---|---|---|---|---|
| 1 | 168 | 199 | 227 | 258 | 28 | 59 | 89 | 120 | 151 | 181 | 212 | 242 |
| 2 | 169 | 200 | 228 | 259 | 29 | 60 | 90 | 121 | 152 | 182 | 213 | 243 |
| 3 | 170 | 201 | 229 | 260 | 30 | 61 | 91 | 122 | 153 | 183 | 214 | 244 |
| 4 | 171 | 202 | 230 | 1 | 31 | 62 | 92 | 123 | 154 | 184 | 215 | 245 |
| 5 | 172 | 203 | 231 | 2 | 32 | 63 | 93 | 124 | 155 | 185 | 216 | 246 |
| 6 | 173 | 204 | 232 | 3 | 33 | 64 | 94 | 125 | 156 | 186 | 217 | 247 |
| 7 | 174 | 205 | 233 | 4 | 34 | 65 | 95 | 126 | 157 | 187 | 218 | 248 |
| 8 | 175 | 206 | 234 | 5 | 35 | 66 | 96 | 127 | 158 | 188 | 219 | 249 |
| 9 | 176 | 207 | 235 | 6 | 36 | 67 | 97 | 128 | 159 | 189 | 220 | 250 |
| 10 | 177 | 208 | 236 | 7 | 37 | 68 | 98 | 129 | 160 | 190 | 221 | 251 |
| 11 | 178 | 209 | 237 | 8 | 38 | 69 | 99 | 130 | 161 | 191 | 222 | 252 |
| 12 | 179 | 210 | 238 | 9 | 39 | 70 | 100 | 131 | 162 | 192 | 223 | 253 |
| 13 | 180 | 211 | 239 | 10 | 40 | 71 | 101 | 132 | 163 | 193 | 224 | 254 |
| 14 | 181 | 212 | 240 | 11 | 41 | 72 | 102 | 133 | 164 | 194 | 225 | 255 |
| 15 | 182 | 213 | 241 | 12 | 42 | 73 | 103 | 134 | 165 | 195 | 226 | 256 |
| 16 | 183 | 214 | 242 | 13 | 43 | 74 | 104 | 135 | 166 | 196 | 227 | 257 |
| 17 | 184 | 215 | 243 | 14 | 44 | 75 | 105 | 136 | 167 | 197 | 228 | 258 |
| 18 | 185 | 216 | 244 | 15 | 45 | 76 | 106 | 137 | 168 | 198 | 229 | 259 |
| 19 | 186 | 217 | 245 | 16 | 46 | 77 | 107 | 138 | 169 | 199 | 230 | 260 |
| 20 | 187 | 218 | 246 | 17 | 47 | 78 | 108 | 139 | 170 | 200 | 231 | 1 |
| 21 | 188 | 219 | 247 | 18 | 48 | 79 | 109 | 140 | 171 | 201 | 232 | 2 |
| 22 | 189 | 220 | 248 | 19 | 49 | 80 | 110 | 141 | 172 | 202 | 233 | 3 |
| 23 | 190 | 221 | 249 | 20 | 50 | 81 | 111 | 142 | 173 | 203 | 234 | 4 |
| 24 | 191 | 222 | 250 | 21 | 51 | 82 | 112 | 143 | 174 | 204 | 235 | 5 |
| 25 | 192 | 223 | 251 | 22 | 52 | 83 | 113 | 144 | 175 | 205 | 236 | 6 |
| 26 | 193 | 224 | 252 | 23 | 53 | 84 | 114 | 145 | 176 | 206 | 237 | 7 |
| 27 | 194 | 225 | 253 | 24 | 54 | 85 | 115 | 146 | 177 | 207 | 238 | 8 |
| 28 | 195 | 226 | 254 | 25 | 55 | 86 | 116 | 147 | 178 | 208 | 239 | 9 |
| 29 | 196 | | 255 | 26 | 56 | 87 | 117 | 148 | 179 | 209 | 240 | 10 |
| 30 | 197 | | 256 | 27 | 57 | 88 | 118 | 149 | 180 | 210 | 241 | 11 |
| 31 | 198 | | 257 | | 58 | | 119 | 150 | | 211 | | 12 |

## 1912・1964・2016年

| | 1月 | 2月 | 3月 | 4月 | 5月 | 6月 | 7月 | 8月 | 9月 | 10月 | 11月 | 12月 |
|---|---|---|---|---|---|---|---|---|---|---|---|---|
| 1 | 13 | 44 | 73 | 103 | 133 | 164 | 194 | 225 | 256 | 26 | 57 | 87 |
| 2 | 14 | 45 | 74 | 104 | 134 | 165 | 195 | 226 | 257 | 27 | 58 | 88 |
| 3 | 15 | 46 | 75 | 105 | 135 | 166 | 196 | 227 | 258 | 28 | 59 | 89 |
| 4 | 16 | 47 | 76 | 106 | 136 | 167 | 197 | 228 | 259 | 29 | 60 | 90 |
| 5 | 17 | 48 | 77 | 107 | 137 | 168 | 198 | 229 | 260 | 30 | 61 | 91 |
| 6 | 18 | 49 | 78 | 108 | 138 | 169 | 199 | 230 | 1 | 31 | 62 | 92 |
| 7 | 19 | 50 | 79 | 109 | 139 | 170 | 200 | 231 | 2 | 32 | 63 | 93 |
| 8 | 20 | 51 | 80 | 110 | 140 | 171 | 201 | 232 | 3 | 33 | 64 | 94 |
| 9 | 21 | 52 | 81 | 111 | 141 | 172 | 202 | 233 | 4 | 34 | 65 | 95 |
| 10 | 22 | 53 | 82 | 112 | 142 | 173 | 203 | 234 | 5 | 35 | 66 | 96 |
| 11 | 23 | 54 | 83 | 113 | 143 | 174 | 204 | 235 | 6 | 36 | 67 | 97 |
| 12 | 24 | 55 | 84 | 114 | 144 | 175 | 205 | 236 | 7 | 37 | 68 | 98 |
| 13 | 25 | 56 | 85 | 115 | 145 | 176 | 206 | 237 | 8 | 38 | 69 | 99 |
| 14 | 26 | 57 | 86 | 116 | 146 | 177 | 207 | 238 | 9 | 39 | 70 | 100 |
| 15 | 27 | 58 | 87 | 117 | 147 | 178 | 208 | 239 | 10 | 40 | 71 | 101 |
| 16 | 28 | 59 | 88 | 118 | 148 | 179 | 209 | 240 | 11 | 41 | 72 | 102 |
| 17 | 29 | 60 | 89 | 119 | 149 | 180 | 210 | 241 | 12 | 42 | 73 | 103 |
| 18 | 30 | 61 | 90 | 120 | 150 | 181 | 211 | 242 | 13 | 43 | 74 | 104 |
| 19 | 31 | 62 | 91 | 121 | 151 | 182 | 212 | 243 | 14 | 44 | 75 | 105 |
| 20 | 32 | 63 | 92 | 122 | 152 | 183 | 213 | 244 | 15 | 45 | 76 | 106 |
| 21 | 33 | 64 | 93 | 123 | 153 | 184 | 214 | 245 | 16 | 46 | 77 | 107 |
| 22 | 34 | 65 | 94 | 124 | 154 | 185 | 215 | 246 | 17 | 47 | 78 | 108 |
| 23 | 35 | 66 | 95 | 125 | 155 | 186 | 216 | 247 | 18 | 48 | 79 | 109 |
| 24 | 36 | 67 | 96 | 126 | 156 | 187 | 217 | 248 | 19 | 49 | 80 | 110 |
| 25 | 37 | 68 | 97 | 127 | 157 | 188 | 218 | 249 | 20 | 50 | 81 | 111 |
| 26 | 38 | 69 | 98 | 128 | 158 | 189 | 219 | 250 | 21 | 51 | 82 | 112 |
| 27 | 39 | 70 | 99 | 129 | 159 | 190 | 220 | 251 | 22 | 52 | 83 | 113 |
| 28 | 40 | 71 | 100 | 130 | 160 | 191 | 221 | 252 | 23 | 53 | 84 | 114 |
| 29 | 41 | 72 | 101 | 131 | 161 | 192 | 222 | 253 | 24 | 54 | 85 | 115 |
| 30 | 42 | | 102 | 132 | 162 | 193 | 223 | 254 | 25 | 55 | 86 | 116 |
| 31 | 43 | | 103 | | 163 | | 224 | 255 | | 56 | | 117 |

## 1913・1965・2017年

| | 1月 | 2月 | 3月 | 4月 | 5月 | 6月 | 7月 | 8月 | 9月 | 10月 | 11月 | 12月 |
|---|---|---|---|---|---|---|---|---|---|---|---|---|
| 1 | 118 | 149 | 177 | 208 | 238 | 9 | 39 | 70 | 101 | 131 | 162 | 192 |
| 2 | 119 | 150 | 178 | 209 | 239 | 10 | 40 | 71 | 102 | 132 | 163 | 193 |
| 3 | 120 | 151 | 179 | 210 | 240 | 11 | 41 | 72 | 103 | 133 | 164 | 194 |
| 4 | 121 | 152 | 180 | 211 | 241 | 12 | 42 | 73 | 104 | 134 | 165 | 195 |
| 5 | 122 | 153 | 181 | 212 | 242 | 13 | 43 | 74 | 105 | 135 | 166 | 196 |
| 6 | 123 | 154 | 182 | 213 | 243 | 14 | 44 | 75 | 106 | 136 | 167 | 197 |
| 7 | 124 | 155 | 183 | 214 | 244 | 15 | 45 | 76 | 107 | 137 | 168 | 198 |
| 8 | 125 | 156 | 184 | 215 | 245 | 16 | 46 | 77 | 108 | 138 | 169 | 199 |
| 9 | 126 | 157 | 185 | 216 | 246 | 17 | 47 | 78 | 109 | 139 | 170 | 200 |
| 10 | 127 | 158 | 186 | 217 | 247 | 18 | 48 | 79 | 110 | 140 | 171 | 201 |
| 11 | 128 | 159 | 187 | 218 | 248 | 19 | 49 | 80 | 111 | 141 | 172 | 202 |
| 12 | 129 | 160 | 188 | 219 | 249 | 20 | 50 | 81 | 112 | 142 | 173 | 203 |
| 13 | 130 | 161 | 189 | 220 | 250 | 21 | 51 | 82 | 113 | 143 | 174 | 204 |
| 14 | 131 | 162 | 190 | 221 | 251 | 22 | 52 | 83 | 114 | 144 | 175 | 205 |
| 15 | 132 | 163 | 191 | 222 | 252 | 23 | 53 | 84 | 115 | 145 | 176 | 206 |
| 16 | 133 | 164 | 192 | 223 | 253 | 24 | 54 | 85 | 116 | 146 | 177 | 207 |
| 17 | 134 | 165 | 193 | 224 | 254 | 25 | 55 | 86 | 117 | 147 | 178 | 208 |
| 18 | 135 | 166 | 194 | 225 | 255 | 26 | 56 | 87 | 118 | 148 | 179 | 209 |
| 19 | 136 | 167 | 195 | 226 | 256 | 27 | 57 | 88 | 119 | 149 | 180 | 210 |
| 20 | 137 | 168 | 196 | 227 | 257 | 28 | 58 | 89 | 120 | 150 | 181 | 211 |
| 21 | 138 | 169 | 197 | 228 | 258 | 29 | 59 | 90 | 121 | 151 | 182 | 212 |
| 22 | 139 | 170 | 198 | 229 | 259 | 30 | 60 | 91 | 122 | 152 | 183 | 213 |
| 23 | 140 | 171 | 199 | 230 | 260 | 31 | 61 | 92 | 123 | 153 | 184 | 214 |
| 24 | 141 | 172 | 200 | 231 | 1 | 32 | 62 | 93 | 124 | 154 | 185 | 215 |
| 25 | 142 | 173 | 201 | 232 | 2 | 33 | 63 | 94 | 125 | 155 | 186 | 216 |
| 26 | 143 | 174 | 202 | 233 | 3 | 34 | 64 | 95 | 126 | 156 | 187 | 217 |
| 27 | 144 | 175 | 203 | 234 | 4 | 35 | 65 | 96 | 127 | 157 | 188 | 218 |
| 28 | 145 | 176 | 204 | 235 | 5 | 36 | 66 | 97 | 128 | 158 | 189 | 219 |
| 29 | 146 | | 205 | 236 | 6 | 37 | 67 | 98 | 129 | 159 | 190 | 220 |
| 30 | 147 | | 206 | 237 | 7 | 38 | 68 | 99 | 130 | 160 | 191 | 221 |
| 31 | 148 | | 207 | | 8 | | 69 | 100 | | 161 | | 222 |

## 1914・1966・2018年

| | 1月 | 2月 | 3月 | 4月 | 5月 | 6月 | 7月 | 8月 | 9月 | 10月 | 11月 | 12月 |
|---|---|---|---|---|---|---|---|---|---|---|---|---|
| 1 | 223 | 254 | 22 | 53 | 83 | 114 | 144 | 175 | 206 | 236 | 7 | 37 |
| 2 | 224 | 255 | 23 | 54 | 84 | 115 | 145 | 176 | 207 | 237 | 8 | 38 |
| 3 | 225 | 256 | 24 | 55 | 85 | 116 | 146 | 177 | 208 | 238 | 9 | 39 |
| 4 | 226 | 257 | 25 | 56 | 86 | 117 | 147 | 178 | 209 | 239 | 10 | 40 |
| 5 | 227 | 258 | 26 | 57 | 87 | 118 | 148 | 179 | 210 | 240 | 11 | 41 |
| 6 | 228 | 259 | 27 | 58 | 88 | 119 | 149 | 180 | 211 | 241 | 12 | 42 |
| 7 | 229 | 260 | 28 | 59 | 89 | 120 | 150 | 181 | 212 | 242 | 13 | 43 |
| 8 | 230 | 1 | 29 | 60 | 90 | 121 | 151 | 182 | 213 | 243 | 14 | 44 |
| 9 | 231 | 2 | 30 | 61 | 91 | 122 | 152 | 183 | 214 | 244 | 15 | 45 |
| 10 | 232 | 3 | 31 | 62 | 92 | 123 | 153 | 184 | 215 | 245 | 16 | 46 |
| 11 | 233 | 4 | 32 | 63 | 93 | 124 | 154 | 185 | 216 | 246 | 17 | 47 |
| 12 | 234 | 5 | 33 | 64 | 94 | 125 | 155 | 186 | 217 | 247 | 18 | 48 |
| 13 | 235 | 6 | 34 | 65 | 95 | 126 | 156 | 187 | 218 | 248 | 19 | 49 |
| 14 | 236 | 7 | 35 | 66 | 96 | 127 | 157 | 188 | 219 | 249 | 20 | 50 |
| 15 | 237 | 8 | 36 | 67 | 97 | 128 | 158 | 189 | 220 | 250 | 21 | 51 |
| 16 | 238 | 9 | 37 | 68 | 98 | 129 | 159 | 190 | 221 | 251 | 22 | 52 |
| 17 | 239 | 10 | 38 | 69 | 99 | 130 | 160 | 191 | 222 | 252 | 23 | 53 |
| 18 | 240 | 11 | 39 | 70 | 100 | 131 | 161 | 192 | 223 | 253 | 24 | 54 |
| 19 | 241 | 12 | 40 | 71 | 101 | 132 | 162 | 193 | 224 | 254 | 25 | 55 |
| 20 | 242 | 13 | 41 | 72 | 102 | 133 | 163 | 194 | 225 | 255 | 26 | 56 |
| 21 | 243 | 14 | 42 | 73 | 103 | 134 | 164 | 195 | 226 | 256 | 27 | 57 |
| 22 | 244 | 15 | 43 | 74 | 104 | 135 | 165 | 196 | 227 | 257 | 28 | 58 |
| 23 | 245 | 16 | 44 | 75 | 105 | 136 | 166 | 197 | 228 | 258 | 29 | 59 |
| 24 | 246 | 17 | 45 | 76 | 106 | 137 | 167 | 198 | 229 | 259 | 30 | 60 |
| 25 | 247 | 18 | 46 | 77 | 107 | 138 | 168 | 199 | 230 | 260 | 31 | 61 |
| 26 | 248 | 19 | 47 | 78 | 108 | 139 | 169 | 200 | 231 | 1 | 32 | 62 |
| 27 | 249 | 20 | 48 | 79 | 109 | 140 | 170 | 201 | 232 | 2 | 33 | 63 |
| 28 | 250 | 21 | 49 | 80 | 110 | 141 | 171 | 202 | 233 | 3 | 34 | 64 |
| 29 | 251 | | 50 | 81 | 111 | 142 | 172 | 203 | 234 | 4 | 35 | 65 |
| 30 | 252 | | 51 | 82 | 112 | 143 | 173 | 204 | 235 | 5 | 36 | 66 |
| 31 | 253 | | 52 | | 113 | | 174 | 205 | | 6 | | 67 |

## 1915・1967・2019年

| | 1月 | 2月 | 3月 | 4月 | 5月 | 6月 | 7月 | 8月 | 9月 | 10月 | 11月 | 12月 |
|---|---|---|---|---|---|---|---|---|---|---|---|---|
| 1 | 68 | 99 | 127 | 158 | 188 | 219 | 249 | 20 | 51 | 81 | 112 | 142 |
| 2 | 69 | 100 | 128 | 159 | 189 | 220 | 250 | 21 | 52 | 82 | 113 | 143 |
| 3 | 70 | 101 | 129 | 160 | 190 | 221 | 251 | 22 | 53 | 83 | 114 | 144 |
| 4 | 71 | 102 | 130 | 161 | 191 | 222 | 252 | 23 | 54 | 84 | 115 | 145 |
| 5 | 72 | 103 | 131 | 162 | 192 | 223 | 253 | 24 | 55 | 85 | 116 | 146 |
| 6 | 73 | 104 | 132 | 163 | 193 | 224 | 254 | 25 | 56 | 86 | 117 | 147 |
| 7 | 74 | 105 | 133 | 164 | 194 | 225 | 255 | 26 | 57 | 87 | 118 | 148 |
| 8 | 75 | 106 | 134 | 165 | 195 | 226 | 256 | 27 | 58 | 88 | 119 | 149 |
| 9 | 76 | 107 | 135 | 166 | 196 | 227 | 257 | 28 | 59 | 89 | 120 | 150 |
| 10 | 77 | 108 | 136 | 167 | 197 | 228 | 258 | 29 | 60 | 90 | 121 | 151 |
| 11 | 78 | 109 | 137 | 168 | 198 | 229 | 259 | 30 | 61 | 91 | 122 | 152 |
| 12 | 79 | 110 | 138 | 169 | 199 | 230 | 260 | 31 | 62 | 92 | 123 | 153 |
| 13 | 80 | 111 | 139 | 170 | 200 | 231 | 1 | 32 | 63 | 93 | 124 | 154 |
| 14 | 81 | 112 | 140 | 171 | 201 | 232 | 2 | 33 | 64 | 94 | 125 | 155 |
| 15 | 82 | 113 | 141 | 172 | 202 | 233 | 3 | 34 | 65 | 95 | 126 | 156 |
| 16 | 83 | 114 | 142 | 173 | 203 | 234 | 4 | 35 | 66 | 96 | 127 | 157 |
| 17 | 84 | 115 | 143 | 174 | 204 | 235 | 5 | 36 | 67 | 97 | 128 | 158 |
| 18 | 85 | 116 | 144 | 175 | 205 | 236 | 6 | 37 | 68 | 98 | 129 | 159 |
| 19 | 86 | 117 | 145 | 176 | 206 | 237 | 7 | 38 | 69 | 99 | 130 | 160 |
| 20 | 87 | 118 | 146 | 177 | 207 | 238 | 8 | 39 | 70 | 100 | 131 | 161 |
| 21 | 88 | 119 | 147 | 178 | 208 | 239 | 9 | 40 | 71 | 101 | 132 | 162 |
| 22 | 89 | 120 | 148 | 179 | 209 | 240 | 10 | 41 | 72 | 102 | 133 | 163 |
| 23 | 90 | 121 | 149 | 180 | 210 | 241 | 11 | 42 | 73 | 103 | 134 | 164 |
| 24 | 91 | 122 | 150 | 181 | 211 | 242 | 12 | 43 | 74 | 104 | 135 | 165 |
| 25 | 92 | 123 | 151 | 182 | 212 | 243 | 13 | 44 | 75 | 105 | 136 | 166 |
| 26 | 93 | 124 | 152 | 183 | 213 | 244 | 14 | 45 | 76 | 106 | 137 | 167 |
| 27 | 94 | 125 | 153 | 184 | 214 | 245 | 15 | 46 | 77 | 107 | 138 | 168 |
| 28 | 95 | 126 | 154 | 185 | 215 | 246 | 16 | 47 | 78 | 108 | 139 | 169 |
| 29 | 96 | | 155 | 186 | 216 | 247 | 17 | 48 | 79 | 109 | 140 | 170 |
| 30 | 97 | | 156 | 187 | 217 | 248 | 18 | 49 | 80 | 110 | 141 | 171 |
| 31 | 98 | | 157 | | 218 | | 19 | 50 | | 111 | | 172 |

## 1916・1968・2020年

| | 1月 | 2月 | 3月 | 4月 | 5月 | 6月 | 7月 | 8月 | 9月 | 10月 | 11月 | 12月 |
|---|---|---|---|---|---|---|---|---|---|---|---|---|
| 1 | 173 | 204 | 233 | 3 | 33 | 64 | 94 | 125 | 156 | 186 | 217 | 247 |
| 2 | 174 | 205 | 234 | 4 | 34 | 65 | 95 | 126 | 157 | 187 | 218 | 248 |
| 3 | 175 | 206 | 235 | 5 | 35 | 66 | 96 | 127 | 158 | 188 | 219 | 249 |
| 4 | 176 | 207 | 236 | 6 | 36 | 67 | 97 | 128 | 159 | 189 | 220 | 250 |
| 5 | 177 | 208 | 237 | 7 | 37 | 68 | 98 | 129 | 160 | 190 | 221 | 251 |
| 6 | 178 | 209 | 238 | 8 | 38 | 69 | 99 | 130 | 161 | 191 | 222 | 252 |
| 7 | 179 | 210 | 239 | 9 | 39 | 70 | 100 | 131 | 162 | 192 | 223 | 253 |
| 8 | 180 | 211 | 240 | 10 | 40 | 71 | 101 | 132 | 163 | 193 | 224 | 254 |
| 9 | 181 | 212 | 241 | 11 | 41 | 72 | 102 | 133 | 164 | 194 | 225 | 255 |
| 10 | 182 | 213 | 242 | 12 | 42 | 73 | 103 | 134 | 165 | 195 | 226 | 256 |
| 11 | 183 | 214 | 243 | 13 | 43 | 74 | 104 | 135 | 166 | 196 | 227 | 257 |
| 12 | 184 | 215 | 244 | 14 | 44 | 75 | 105 | 136 | 167 | 197 | 228 | 258 |
| 13 | 185 | 216 | 245 | 15 | 45 | 76 | 106 | 137 | 168 | 198 | 229 | 259 |
| 14 | 186 | 217 | 246 | 16 | 46 | 77 | 107 | 138 | 169 | 199 | 230 | 260 |
| 15 | 187 | 218 | 247 | 17 | 47 | 78 | 108 | 139 | 170 | 200 | 231 | 1 |
| 16 | 188 | 219 | 248 | 18 | 48 | 79 | 109 | 140 | 171 | 201 | 232 | 2 |
| 17 | 189 | 220 | 249 | 19 | 49 | 80 | 110 | 141 | 172 | 202 | 233 | 3 |
| 18 | 190 | 221 | 250 | 20 | 50 | 81 | 111 | 142 | 173 | 203 | 234 | 4 |
| 19 | 191 | 222 | 251 | 21 | 51 | 82 | 112 | 143 | 174 | 204 | 235 | 5 |
| 20 | 192 | 223 | 252 | 22 | 52 | 83 | 113 | 144 | 175 | 205 | 236 | 6 |
| 21 | 193 | 224 | 253 | 23 | 53 | 84 | 114 | 145 | 176 | 206 | 237 | 7 |
| 22 | 194 | 225 | 254 | 24 | 54 | 85 | 115 | 146 | 177 | 207 | 238 | 8 |
| 23 | 195 | 226 | 255 | 25 | 55 | 86 | 116 | 147 | 178 | 208 | 239 | 9 |
| 24 | 196 | 227 | 256 | 26 | 56 | 87 | 117 | 148 | 179 | 209 | 240 | 10 |
| 25 | 197 | 228 | 257 | 27 | 57 | 88 | 118 | 149 | 180 | 210 | 241 | 11 |
| 26 | 198 | 229 | 258 | 28 | 58 | 89 | 119 | 150 | 181 | 211 | 242 | 12 |
| 27 | 199 | 230 | 259 | 29 | 59 | 90 | 120 | 151 | 182 | 212 | 243 | 13 |
| 28 | 200 | 231 | 260 | 30 | 60 | 91 | 121 | 152 | 183 | 213 | 244 | 14 |
| 29 | 201 | 232 | 1 | 31 | 61 | 92 | 122 | 153 | 184 | 214 | 245 | 15 |
| 30 | 202 | | 2 | 32 | 62 | 93 | 123 | 154 | 185 | 215 | 246 | 16 |
| 31 | 203 | | 3 | | 63 | | 124 | 155 | | 216 | | 17 |

## 1917・1969・2021年

| | 1月 | 2月 | 3月 | 4月 | 5月 | 6月 | 7月 | 8月 | 9月 | 10月 | 11月 | 12月 |
|---|---|---|---|---|---|---|---|---|---|---|---|---|
| 1 | 18 | 49 | 77 | 108 | 138 | 169 | 199 | 230 | 1 | 31 | 62 | 92 |
| 2 | 19 | 50 | 78 | 109 | 139 | 170 | 200 | 231 | 2 | 32 | 63 | 93 |
| 3 | 20 | 51 | 79 | 110 | 140 | 171 | 201 | 232 | 3 | 33 | 64 | 94 |
| 4 | 21 | 52 | 80 | 111 | 141 | 172 | 202 | 233 | 4 | 34 | 65 | 95 |
| 5 | 22 | 53 | 81 | 112 | 142 | 173 | 203 | 234 | 5 | 35 | 66 | 96 |
| 6 | 23 | 54 | 82 | 113 | 143 | 174 | 204 | 235 | 6 | 36 | 67 | 97 |
| 7 | 24 | 55 | 83 | 114 | 144 | 175 | 205 | 236 | 7 | 37 | 68 | 98 |
| 8 | 25 | 56 | 84 | 115 | 145 | 176 | 206 | 237 | 8 | 38 | 69 | 99 |
| 9 | 26 | 57 | 85 | 116 | 146 | 177 | 207 | 238 | 9 | 39 | 70 | 100 |
| 10 | 27 | 58 | 86 | 117 | 147 | 178 | 208 | 239 | 10 | 40 | 71 | 101 |
| 11 | 28 | 59 | 87 | 118 | 148 | 179 | 209 | 240 | 11 | 41 | 72 | 102 |
| 12 | 29 | 60 | 88 | 119 | 149 | 180 | 210 | 241 | 12 | 42 | 73 | 103 |
| 13 | 30 | 61 | 89 | 120 | 150 | 181 | 211 | 242 | 13 | 43 | 74 | 104 |
| 14 | 31 | 62 | 90 | 121 | 151 | 182 | 212 | 243 | 14 | 44 | 75 | 105 |
| 15 | 32 | 63 | 91 | 122 | 152 | 183 | 213 | 244 | 15 | 45 | 76 | 106 |
| 16 | 33 | 64 | 92 | 123 | 153 | 184 | 214 | 245 | 16 | 46 | 77 | 107 |
| 17 | 34 | 65 | 93 | 124 | 154 | 185 | 215 | 246 | 17 | 47 | 78 | 108 |
| 18 | 35 | 66 | 94 | 125 | 155 | 186 | 216 | 247 | 18 | 48 | 79 | 109 |
| 19 | 36 | 67 | 95 | 126 | 156 | 187 | 217 | 248 | 19 | 49 | 80 | 110 |
| 20 | 37 | 68 | 96 | 127 | 157 | 188 | 218 | 249 | 20 | 50 | 81 | 111 |
| 21 | 38 | 69 | 97 | 128 | 158 | 189 | 219 | 250 | 21 | 51 | 82 | 112 |
| 22 | 39 | 70 | 98 | 129 | 159 | 190 | 220 | 251 | 22 | 52 | 83 | 113 |
| 23 | 40 | 71 | 99 | 130 | 160 | 191 | 221 | 252 | 23 | 53 | 84 | 114 |
| 24 | 41 | 72 | 100 | 131 | 161 | 192 | 222 | 253 | 24 | 54 | 85 | 115 |
| 25 | 42 | 73 | 101 | 132 | 162 | 193 | 223 | 254 | 25 | 55 | 86 | 116 |
| 26 | 43 | 74 | 102 | 133 | 163 | 194 | 224 | 255 | 26 | 56 | 87 | 117 |
| 27 | 44 | 75 | 103 | 134 | 164 | 195 | 225 | 256 | 27 | 57 | 88 | 118 |
| 28 | 45 | 76 | 104 | 135 | 165 | 196 | 226 | 257 | 28 | 58 | 89 | 119 |
| 29 | 46 | | 105 | 136 | 166 | 197 | 227 | 258 | 29 | 59 | 90 | 120 |
| 30 | 47 | | 106 | 137 | 167 | 198 | 228 | 259 | 30 | 60 | 91 | 121 |
| 31 | 48 | | 107 | | 168 | | 229 | 260 | | 61 | | 122 |

## 1918・1970・2022年

| | 1月 | 2月 | 3月 | 4月 | 5月 | 6月 | 7月 | 8月 | 9月 | 10月 | 11月 | 12月 |
|---|---|---|---|---|---|---|---|---|---|---|---|---|
| 1 | 123 | 154 | 182 | 213 | 243 | 14 | 44 | 75 | 106 | 136 | 167 | 197 |
| 2 | 124 | 155 | 183 | 214 | 244 | 15 | 45 | 76 | 107 | 137 | 168 | 198 |
| 3 | 125 | 156 | 184 | 215 | 245 | 16 | 46 | 77 | 108 | 138 | 169 | 199 |
| 4 | 126 | 157 | 185 | 216 | 246 | 17 | 47 | 78 | 109 | 139 | 170 | 200 |
| 5 | 127 | 158 | 186 | 217 | 247 | 18 | 48 | 79 | 110 | 140 | 171 | 201 |
| 6 | 128 | 159 | 187 | 218 | 248 | 19 | 49 | 80 | 111 | 141 | 172 | 202 |
| 7 | 129 | 160 | 188 | 219 | 249 | 20 | 50 | 81 | 112 | 142 | 173 | 203 |
| 8 | 130 | 161 | 189 | 220 | 250 | 21 | 51 | 82 | 113 | 143 | 174 | 204 |
| 9 | 131 | 162 | 190 | 221 | 251 | 22 | 52 | 83 | 114 | 144 | 175 | 205 |
| 10 | 132 | 163 | 191 | 222 | 252 | 23 | 53 | 84 | 115 | 145 | 176 | 206 |
| 11 | 133 | 164 | 192 | 223 | 253 | 24 | 54 | 85 | 116 | 146 | 177 | 207 |
| 12 | 134 | 165 | 193 | 224 | 254 | 25 | 55 | 86 | 117 | 147 | 178 | 208 |
| 13 | 135 | 166 | 194 | 225 | 255 | 26 | 56 | 87 | 118 | 148 | 179 | 209 |
| 14 | 136 | 167 | 195 | 226 | 256 | 27 | 57 | 88 | 119 | 149 | 180 | 210 |
| 15 | 137 | 168 | 196 | 227 | 257 | 28 | 58 | 89 | 120 | 150 | 181 | 211 |
| 16 | 138 | 169 | 197 | 228 | 258 | 29 | 59 | 90 | 121 | 151 | 182 | 212 |
| 17 | 139 | 170 | 198 | 229 | 259 | 30 | 60 | 91 | 122 | 152 | 183 | 213 |
| 18 | 140 | 171 | 199 | 230 | 260 | 31 | 61 | 92 | 123 | 153 | 184 | 214 |
| 19 | 141 | 172 | 200 | 231 | 1 | 32 | 62 | 93 | 124 | 154 | 185 | 215 |
| 20 | 142 | 173 | 201 | 232 | 2 | 33 | 63 | 94 | 125 | 155 | 186 | 216 |
| 21 | 143 | 174 | 202 | 233 | 3 | 34 | 64 | 95 | 126 | 156 | 187 | 217 |
| 22 | 144 | 175 | 203 | 234 | 4 | 35 | 65 | 96 | 127 | 157 | 188 | 218 |
| 23 | 145 | 176 | 204 | 235 | 5 | 36 | 66 | 97 | 128 | 158 | 189 | 219 |
| 24 | 146 | 177 | 205 | 236 | 6 | 37 | 67 | 98 | 129 | 159 | 190 | 220 |
| 25 | 147 | 178 | 206 | 237 | 7 | 38 | 68 | 99 | 130 | 160 | 191 | 221 |
| 26 | 148 | 179 | 207 | 238 | 8 | 39 | 69 | 100 | 131 | 161 | 192 | 222 |
| 27 | 149 | 180 | 208 | 239 | 9 | 40 | 70 | 101 | 132 | 162 | 193 | 223 |
| 28 | 150 | 181 | 209 | 240 | 10 | 41 | 71 | 102 | 133 | 163 | 194 | 224 |
| 29 | 151 | | 210 | 241 | 11 | 42 | 72 | 103 | 134 | 164 | 195 | 225 |
| 30 | 152 | | 211 | 242 | 12 | 43 | 73 | 104 | 135 | 165 | 196 | 226 |
| 31 | 153 | | 212 | | 13 | | 74 | 105 | | 166 | | 227 |

## 1919・1971・2023年

| | 1月 | 2月 | 3月 | 4月 | 5月 | 6月 | 7月 | 8月 | 9月 | 10月 | 11月 | 12月 |
|---|---|---|---|---|---|---|---|---|---|---|---|---|
| 1 | 228 | 259 | 27 | 58 | 88 | 119 | 149 | 180 | 211 | 241 | 12 | 42 |
| 2 | 229 | 260 | 28 | 59 | 89 | 120 | 150 | 181 | 212 | 242 | 13 | 43 |
| 3 | 230 | 1 | 29 | 60 | 90 | 121 | 151 | 182 | 213 | 243 | 14 | 44 |
| 4 | 231 | 2 | 30 | 61 | 91 | 122 | 152 | 183 | 214 | 244 | 15 | 45 |
| 5 | 232 | 3 | 31 | 62 | 92 | 123 | 153 | 184 | 215 | 245 | 16 | 46 |
| 6 | 233 | 4 | 32 | 63 | 93 | 124 | 154 | 185 | 216 | 246 | 17 | 47 |
| 7 | 234 | 5 | 33 | 64 | 94 | 125 | 155 | 186 | 217 | 247 | 18 | 48 |
| 8 | 235 | 6 | 34 | 65 | 95 | 126 | 156 | 187 | 218 | 248 | 19 | 49 |
| 9 | 236 | 7 | 35 | 66 | 96 | 127 | 157 | 188 | 219 | 249 | 20 | 50 |
| 10 | 237 | 8 | 36 | 67 | 97 | 128 | 158 | 189 | 220 | 250 | 21 | 51 |
| 11 | 238 | 9 | 37 | 68 | 98 | 129 | 159 | 190 | 221 | 251 | 22 | 52 |
| 12 | 239 | 10 | 38 | 69 | 99 | 130 | 160 | 191 | 222 | 252 | 23 | 53 |
| 13 | 240 | 11 | 39 | 70 | 100 | 131 | 161 | 192 | 223 | 253 | 24 | 54 |
| 14 | 241 | 12 | 40 | 71 | 101 | 132 | 162 | 193 | 224 | 254 | 25 | 55 |
| 15 | 242 | 13 | 41 | 72 | 102 | 133 | 163 | 194 | 225 | 255 | 26 | 56 |
| 16 | 243 | 14 | 42 | 73 | 103 | 134 | 164 | 195 | 226 | 256 | 27 | 57 |
| 17 | 244 | 15 | 43 | 74 | 104 | 135 | 165 | 196 | 227 | 257 | 28 | 58 |
| 18 | 245 | 16 | 44 | 75 | 105 | 136 | 166 | 197 | 228 | 258 | 29 | 59 |
| 19 | 246 | 17 | 45 | 76 | 106 | 137 | 167 | 198 | 229 | 259 | 30 | 60 |
| 20 | 247 | 18 | 46 | 77 | 107 | 138 | 168 | 199 | 230 | 260 | 31 | 61 |
| 21 | 248 | 19 | 47 | 78 | 108 | 139 | 169 | 200 | 231 | 1 | 32 | 62 |
| 22 | 249 | 20 | 48 | 79 | 109 | 140 | 170 | 201 | 232 | 2 | 33 | 63 |
| 23 | 250 | 21 | 49 | 80 | 110 | 141 | 171 | 202 | 233 | 3 | 34 | 64 |
| 24 | 251 | 22 | 50 | 81 | 111 | 142 | 172 | 203 | 234 | 4 | 35 | 65 |
| 25 | 252 | 23 | 51 | 82 | 112 | 143 | 173 | 204 | 235 | 5 | 36 | 66 |
| 26 | 253 | 24 | 52 | 83 | 113 | 144 | 174 | 205 | 236 | 6 | 37 | 67 |
| 27 | 254 | 25 | 53 | 84 | 114 | 145 | 175 | 206 | 237 | 7 | 38 | 68 |
| 28 | 255 | 26 | 54 | 85 | 115 | 146 | 176 | 207 | 238 | 8 | 39 | 69 |
| 29 | 256 | | 55 | 86 | 116 | 147 | 177 | 208 | 239 | 9 | 40 | 70 |
| 30 | 257 | | 56 | 87 | 117 | 148 | 178 | 209 | 240 | 10 | 41 | 71 |
| 31 | 258 | | 57 | | 118 | | 179 | 210 | | 11 | | 72 |

## 1920・1972・2024年

| | 1月 | 2月 | 3月 | 4月 | 5月 | 6月 | 7月 | 8月 | 9月 | 10月 | 11月 | 12月 |
|---|---|---|---|---|---|---|---|---|---|---|---|---|
| 1 | 73 | 104 | 133 | 163 | 193 | 224 | 254 | 25 | 56 | 86 | 117 | 147 |
| 2 | 74 | 105 | 134 | 164 | 194 | 225 | 255 | 26 | 57 | 87 | 118 | 148 |
| 3 | 75 | 106 | 135 | 165 | 195 | 226 | 256 | 27 | 58 | 88 | 119 | 149 |
| 4 | 76 | 107 | 136 | 166 | 196 | 227 | 257 | 28 | 59 | 89 | 120 | 150 |
| 5 | 77 | 108 | 137 | 167 | 197 | 228 | 258 | 29 | 60 | 90 | 121 | 151 |
| 6 | 78 | 109 | 138 | 168 | 198 | 229 | 259 | 30 | 61 | 91 | 122 | 152 |
| 7 | 79 | 110 | 139 | 169 | 199 | 230 | 260 | 31 | 62 | 92 | 123 | 153 |
| 8 | 80 | 111 | 140 | 170 | 200 | 231 | 1 | 32 | 63 | 93 | 124 | 154 |
| 9 | 81 | 112 | 141 | 171 | 201 | 232 | 2 | 33 | 64 | 94 | 125 | 155 |
| 10 | 82 | 113 | 142 | 172 | 202 | 233 | 3 | 34 | 65 | 95 | 126 | 156 |
| 11 | 83 | 114 | 143 | 173 | 203 | 234 | 4 | 35 | 66 | 96 | 127 | 157 |
| 12 | 84 | 115 | 144 | 174 | 204 | 235 | 5 | 36 | 67 | 97 | 128 | 158 |
| 13 | 85 | 116 | 145 | 175 | 205 | 236 | 6 | 37 | 68 | 98 | 129 | 159 |
| 14 | 86 | 117 | 146 | 176 | 206 | 237 | 7 | 38 | 69 | 99 | 130 | 160 |
| 15 | 87 | 118 | 147 | 177 | 207 | 238 | 8 | 39 | 70 | 100 | 131 | 161 |
| 16 | 88 | 119 | 148 | 178 | 208 | 239 | 9 | 40 | 71 | 101 | 132 | 162 |
| 17 | 89 | 120 | 149 | 179 | 209 | 240 | 10 | 41 | 72 | 102 | 133 | 163 |
| 18 | 90 | 121 | 150 | 180 | 210 | 241 | 11 | 42 | 73 | 103 | 134 | 164 |
| 19 | 91 | 122 | 151 | 181 | 211 | 242 | 12 | 43 | 74 | 104 | 135 | 165 |
| 20 | 92 | 123 | 152 | 182 | 212 | 243 | 13 | 44 | 75 | 105 | 136 | 166 |
| 21 | 93 | 124 | 153 | 183 | 213 | 244 | 14 | 45 | 76 | 106 | 137 | 167 |
| 22 | 94 | 125 | 154 | 184 | 214 | 245 | 15 | 46 | 77 | 107 | 138 | 168 |
| 23 | 95 | 126 | 155 | 185 | 215 | 246 | 16 | 47 | 78 | 108 | 139 | 169 |
| 24 | 96 | 127 | 156 | 186 | 216 | 247 | 17 | 48 | 79 | 109 | 140 | 170 |
| 25 | 97 | 128 | 157 | 187 | 217 | 248 | 18 | 49 | 80 | 110 | 141 | 171 |
| 26 | 98 | 129 | 158 | 188 | 218 | 249 | 19 | 50 | 81 | 111 | 142 | 172 |
| 27 | 99 | 130 | 159 | 189 | 219 | 250 | 20 | 51 | 82 | 112 | 143 | 173 |
| 28 | 100 | 131 | 160 | 190 | 220 | 251 | 21 | 52 | 83 | 113 | 144 | 174 |
| 29 | 101 | 132 | 161 | 191 | 221 | 252 | 22 | 53 | 84 | 114 | 145 | 175 |
| 30 | 102 | | 162 | 192 | 222 | 253 | 23 | 54 | 85 | 115 | 146 | 176 |
| 31 | 103 | | 163 | | 223 | | 24 | 55 | | 116 | | 177 |

## 1921・1973・2025年

| | 1月 | 2月 | 3月 | 4月 | 5月 | 6月 | 7月 | 8月 | 9月 | 10月 | 11月 | 12月 |
|---|---|---|---|---|---|---|---|---|---|---|---|---|
| 1 | 178 | 209 | 237 | 8 | 38 | 69 | 99 | 130 | 161 | 191 | 222 | 252 |
| 2 | 179 | 210 | 238 | 9 | 39 | 70 | 100 | 131 | 162 | 192 | 223 | 253 |
| 3 | 180 | 211 | 239 | 10 | 40 | 71 | 101 | 132 | 163 | 193 | 224 | 254 |
| 4 | 181 | 212 | 240 | 11 | 41 | 72 | 102 | 133 | 164 | 194 | 225 | 255 |
| 5 | 182 | 213 | 241 | 12 | 42 | 73 | 103 | 134 | 165 | 195 | 226 | 256 |
| 6 | 183 | 214 | 242 | 13 | 43 | 74 | 104 | 135 | 166 | 196 | 227 | 257 |
| 7 | 184 | 215 | 243 | 14 | 44 | 75 | 105 | 136 | 167 | 197 | 228 | 258 |
| 8 | 185 | 216 | 244 | 15 | 45 | 76 | 106 | 137 | 168 | 198 | 229 | 259 |
| 9 | 186 | 217 | 245 | 16 | 46 | 77 | 107 | 138 | 169 | 199 | 230 | 260 |
| 10 | 187 | 218 | 246 | 17 | 47 | 78 | 108 | 139 | 170 | 200 | 231 | 1 |
| 11 | 188 | 219 | 247 | 18 | 48 | 79 | 109 | 140 | 171 | 201 | 232 | 2 |
| 12 | 189 | 220 | 248 | 19 | 49 | 80 | 110 | 141 | 172 | 202 | 233 | 3 |
| 13 | 190 | 221 | 249 | 20 | 50 | 81 | 111 | 142 | 173 | 203 | 234 | 4 |
| 14 | 191 | 222 | 250 | 21 | 51 | 82 | 112 | 143 | 174 | 204 | 235 | 5 |
| 15 | 192 | 223 | 251 | 22 | 52 | 83 | 113 | 144 | 175 | 205 | 236 | 6 |
| 16 | 193 | 224 | 252 | 23 | 53 | 84 | 114 | 145 | 176 | 206 | 237 | 7 |
| 17 | 194 | 225 | 253 | 24 | 54 | 85 | 115 | 146 | 177 | 207 | 238 | 8 |
| 18 | 195 | 226 | 254 | 25 | 55 | 86 | 116 | 147 | 178 | 208 | 239 | 9 |
| 19 | 196 | 227 | 255 | 26 | 56 | 87 | 117 | 148 | 179 | 209 | 240 | 10 |
| 20 | 197 | 228 | 256 | 27 | 57 | 88 | 118 | 149 | 180 | 210 | 241 | 11 |
| 21 | 198 | 229 | 257 | 28 | 58 | 89 | 119 | 150 | 181 | 211 | 242 | 12 |
| 22 | 199 | 230 | 258 | 29 | 59 | 90 | 120 | 151 | 182 | 212 | 243 | 13 |
| 23 | 200 | 231 | 259 | 30 | 60 | 91 | 121 | 152 | 183 | 213 | 244 | 14 |
| 24 | 201 | 232 | 260 | 31 | 61 | 92 | 122 | 153 | 184 | 214 | 245 | 15 |
| 25 | 202 | 233 | 1 | 32 | 62 | 93 | 123 | 154 | 185 | 215 | 246 | 16 |
| 26 | 203 | 234 | 2 | 33 | 63 | 94 | 124 | 155 | 186 | 216 | 247 | 17 |
| 27 | 204 | 235 | 3 | 34 | 64 | 95 | 125 | 156 | 187 | 217 | 248 | 18 |
| 28 | 205 | 236 | 4 | 35 | 65 | 96 | 126 | 157 | 188 | 218 | 249 | 19 |
| 29 | 206 | | 5 | 36 | 66 | 97 | 127 | 158 | 189 | 219 | 250 | 20 |
| 30 | 207 | | 6 | 37 | 67 | 98 | 128 | 159 | 190 | 220 | 251 | 21 |
| 31 | 208 | | 7 | | 68 | | 129 | 160 | | 221 | | 22 |

## 1922・1974・2026年

| | 1月 | 2月 | 3月 | 4月 | 5月 | 6月 | 7月 | 8月 | 9月 | 10月 | 11月 | 12月 |
|---|---|---|---|---|---|---|---|---|---|---|---|---|
| 1 | 23 | 54 | 82 | 113 | 143 | 174 | 204 | 235 | 6 | 36 | 67 | 97 |
| 2 | 24 | 55 | 83 | 114 | 144 | 175 | 205 | 236 | 7 | 37 | 68 | 98 |
| 3 | 25 | 56 | 84 | 115 | 145 | 176 | 206 | 237 | 8 | 38 | 69 | 99 |
| 4 | 26 | 57 | 85 | 116 | 146 | 177 | 207 | 238 | 9 | 39 | 70 | 100 |
| 5 | 27 | 58 | 86 | 117 | 147 | 178 | 208 | 239 | 10 | 40 | 71 | 101 |
| 6 | 28 | 59 | 87 | 118 | 148 | 179 | 209 | 240 | 11 | 41 | 72 | 102 |
| 7 | 29 | 60 | 88 | 119 | 149 | 180 | 210 | 241 | 12 | 42 | 73 | 103 |
| 8 | 30 | 61 | 89 | 120 | 150 | 181 | 211 | 242 | 13 | 43 | 74 | 104 |
| 9 | 31 | 62 | 90 | 121 | 151 | 182 | 212 | 243 | 14 | 44 | 75 | 105 |
| 10 | 32 | 63 | 91 | 122 | 152 | 183 | 213 | 244 | 15 | 45 | 76 | 106 |
| 11 | 33 | 64 | 92 | 123 | 153 | 184 | 214 | 245 | 16 | 46 | 77 | 107 |
| 12 | 34 | 65 | 93 | 124 | 154 | 185 | 215 | 246 | 17 | 47 | 78 | 108 |
| 13 | 35 | 66 | 94 | 125 | 155 | 186 | 216 | 247 | 18 | 48 | 79 | 109 |
| 14 | 36 | 67 | 95 | 126 | 156 | 187 | 217 | 248 | 19 | 49 | 80 | 110 |
| 15 | 37 | 68 | 96 | 127 | 157 | 188 | 218 | 249 | 20 | 50 | 81 | 111 |
| 16 | 38 | 69 | 97 | 128 | 158 | 189 | 219 | 250 | 21 | 51 | 82 | 112 |
| 17 | 39 | 70 | 98 | 129 | 159 | 190 | 220 | 251 | 22 | 52 | 83 | 113 |
| 18 | 40 | 71 | 99 | 130 | 160 | 191 | 221 | 252 | 23 | 53 | 84 | 114 |
| 19 | 41 | 72 | 100 | 131 | 161 | 192 | 222 | 253 | 24 | 54 | 85 | 115 |
| 20 | 42 | 73 | 101 | 132 | 162 | 193 | 223 | 254 | 25 | 55 | 86 | 116 |
| 21 | 43 | 74 | 102 | 133 | 163 | 194 | 224 | 255 | 26 | 56 | 87 | 117 |
| 22 | 44 | 75 | 103 | 134 | 164 | 195 | 225 | 256 | 27 | 57 | 88 | 118 |
| 23 | 45 | 76 | 104 | 135 | 165 | 196 | 226 | 257 | 28 | 58 | 89 | 119 |
| 24 | 46 | 77 | 105 | 136 | 166 | 197 | 227 | 258 | 29 | 59 | 90 | 120 |
| 25 | 47 | 78 | 106 | 137 | 167 | 198 | 228 | 259 | 30 | 60 | 91 | 121 |
| 26 | 48 | 79 | 107 | 138 | 168 | 199 | 229 | 260 | 31 | 61 | 92 | 122 |
| 27 | 49 | 80 | 108 | 139 | 169 | 200 | 230 | 1 | 32 | 62 | 93 | 123 |
| 28 | 50 | 81 | 109 | 140 | 170 | 201 | 231 | 2 | 33 | 63 | 94 | 124 |
| 29 | 51 | | 110 | 141 | 171 | 202 | 232 | 3 | 34 | 64 | 95 | 125 |
| 30 | 52 | | 111 | 142 | 172 | 203 | 233 | 4 | 35 | 65 | 96 | 126 |
| 31 | 53 | | 112 | | 173 | | 234 | 5 | | 66 | | 127 |

## 1923・1975・2027年

| | 1月 | 2月 | 3月 | 4月 | 5月 | 6月 | 7月 | 8月 | 9月 | 10月 | 11月 | 12月 |
|---|---|---|---|---|---|---|---|---|---|---|---|---|
| 1 | 128 | 159 | 187 | 218 | 248 | 19 | 49 | 80 | 111 | 141 | 172 | 202 |
| 2 | 129 | 160 | 188 | 219 | 249 | 20 | 50 | 81 | 112 | 142 | 173 | 203 |
| 3 | 130 | 161 | 189 | 220 | 250 | 21 | 51 | 82 | 113 | 143 | 174 | 204 |
| 4 | 131 | 162 | 190 | 221 | 251 | 22 | 52 | 83 | 114 | 144 | 175 | 205 |
| 5 | 132 | 163 | 191 | 222 | 252 | 23 | 53 | 84 | 115 | 145 | 176 | 206 |
| 6 | 133 | 164 | 192 | 223 | 253 | 24 | 54 | 85 | 116 | 146 | 177 | 207 |
| 7 | 134 | 165 | 193 | 224 | 254 | 25 | 55 | 86 | 117 | 147 | 178 | 208 |
| 8 | 135 | 166 | 194 | 225 | 255 | 26 | 56 | 87 | 118 | 148 | 179 | 209 |
| 9 | 136 | 167 | 195 | 226 | 256 | 27 | 57 | 88 | 119 | 149 | 180 | 210 |
| 10 | 137 | 168 | 196 | 227 | 257 | 28 | 58 | 89 | 120 | 150 | 181 | 211 |
| 11 | 138 | 169 | 197 | 228 | 258 | 29 | 59 | 90 | 121 | 151 | 182 | 212 |
| 12 | 139 | 170 | 198 | 229 | 259 | 30 | 60 | 91 | 122 | 152 | 183 | 213 |
| 13 | 140 | 171 | 199 | 230 | 260 | 31 | 61 | 92 | 123 | 153 | 184 | 214 |
| 14 | 141 | 172 | 200 | 231 | 1 | 32 | 62 | 93 | 124 | 154 | 185 | 215 |
| 15 | 142 | 173 | 201 | 232 | 2 | 33 | 63 | 94 | 125 | 155 | 186 | 216 |
| 16 | 143 | 174 | 202 | 233 | 3 | 34 | 64 | 95 | 126 | 156 | 187 | 217 |
| 17 | 144 | 175 | 203 | 234 | 4 | 35 | 65 | 96 | 127 | 157 | 188 | 218 |
| 18 | 145 | 176 | 204 | 235 | 5 | 36 | 66 | 97 | 128 | 158 | 189 | 219 |
| 19 | 146 | 177 | 205 | 236 | 6 | 37 | 67 | 98 | 129 | 159 | 190 | 220 |
| 20 | 147 | 178 | 206 | 237 | 7 | 38 | 68 | 99 | 130 | 160 | 191 | 221 |
| 21 | 148 | 179 | 207 | 238 | 8 | 39 | 69 | 100 | 131 | 161 | 192 | 222 |
| 22 | 149 | 180 | 208 | 239 | 9 | 40 | 70 | 101 | 132 | 162 | 193 | 223 |
| 23 | 150 | 181 | 209 | 240 | 10 | 41 | 71 | 102 | 133 | 163 | 194 | 224 |
| 24 | 151 | 182 | 210 | 241 | 11 | 42 | 72 | 103 | 134 | 164 | 195 | 225 |
| 25 | 152 | 183 | 211 | 242 | 12 | 43 | 73 | 104 | 135 | 165 | 196 | 226 |
| 26 | 153 | 184 | 212 | 243 | 13 | 44 | 74 | 105 | 136 | 166 | 197 | 227 |
| 27 | 154 | 185 | 213 | 244 | 14 | 45 | 75 | 106 | 137 | 167 | 198 | 228 |
| 28 | 155 | 186 | 214 | 245 | 15 | 46 | 76 | 107 | 138 | 168 | 199 | 229 |
| 29 | 156 | | 215 | 246 | 16 | 47 | 77 | 108 | 139 | 169 | 200 | 230 |
| 30 | 157 | | 216 | 247 | 17 | 48 | 78 | 109 | 140 | 170 | 201 | 231 |
| 31 | 158 | | 217 | | 18 | | 79 | 110 | | 171 | | 232 |

## 1924・1976・2028年

| | 1月 | 2月 | 3月 | 4月 | 5月 | 6月 | 7月 | 8月 | 9月 | 10月 | 11月 | 12月 |
|---|---|---|---|---|---|---|---|---|---|---|---|---|
| 1 | 233 | 4 | 33 | 63 | 93 | 124 | 154 | 185 | 216 | 246 | 17 | 47 |
| 2 | 234 | 5 | 34 | 64 | 94 | 125 | 155 | 186 | 217 | 247 | 18 | 48 |
| 3 | 235 | 6 | 35 | 65 | 95 | 126 | 156 | 187 | 218 | 248 | 19 | 49 |
| 4 | 236 | 7 | 36 | 66 | 96 | 127 | 157 | 188 | 219 | 249 | 20 | 50 |
| 5 | 237 | 8 | 37 | 67 | 97 | 128 | 158 | 189 | 220 | 250 | 21 | 51 |
| 6 | 238 | 9 | 38 | 68 | 98 | 129 | 159 | 190 | 221 | 251 | 22 | 52 |
| 7 | 239 | 10 | 39 | 69 | 99 | 130 | 160 | 191 | 222 | 252 | 23 | 53 |
| 8 | 240 | 11 | 40 | 70 | 100 | 131 | 161 | 192 | 223 | 253 | 24 | 54 |
| 9 | 241 | 12 | 41 | 71 | 101 | 132 | 162 | 193 | 224 | 254 | 25 | 55 |
| 10 | 242 | 13 | 42 | 72 | 102 | 133 | 163 | 194 | 225 | 255 | 26 | 56 |
| 11 | 243 | 14 | 43 | 73 | 103 | 134 | 164 | 195 | 226 | 256 | 27 | 57 |
| 12 | 244 | 15 | 44 | 74 | 104 | 135 | 165 | 196 | 227 | 257 | 28 | 58 |
| 13 | 245 | 16 | 45 | 75 | 105 | 136 | 166 | 197 | 228 | 258 | 29 | 59 |
| 14 | 246 | 17 | 46 | 76 | 106 | 137 | 167 | 198 | 229 | 259 | 30 | 60 |
| 15 | 247 | 18 | 47 | 77 | 107 | 138 | 168 | 199 | 230 | 260 | 31 | 61 |
| 16 | 248 | 19 | 48 | 78 | 108 | 139 | 169 | 200 | 231 | 1 | 32 | 62 |
| 17 | 249 | 20 | 49 | 79 | 109 | 140 | 170 | 201 | 232 | 2 | 33 | 63 |
| 18 | 250 | 21 | 50 | 80 | 110 | 141 | 171 | 202 | 233 | 3 | 34 | 64 |
| 19 | 251 | 22 | 51 | 81 | 111 | 142 | 172 | 203 | 234 | 4 | 35 | 65 |
| 20 | 252 | 23 | 52 | 82 | 112 | 143 | 173 | 204 | 235 | 5 | 36 | 66 |
| 21 | 253 | 24 | 53 | 83 | 113 | 144 | 174 | 205 | 236 | 6 | 37 | 67 |
| 22 | 254 | 25 | 54 | 84 | 114 | 145 | 175 | 206 | 237 | 7 | 38 | 68 |
| 23 | 255 | 26 | 55 | 85 | 115 | 146 | 176 | 207 | 238 | 8 | 39 | 69 |
| 24 | 256 | 27 | 56 | 86 | 116 | 147 | 177 | 208 | 239 | 9 | 40 | 70 |
| 25 | 257 | 28 | 57 | 87 | 117 | 148 | 178 | 209 | 240 | 10 | 41 | 71 |
| 26 | 258 | 29 | 58 | 88 | 118 | 149 | 179 | 210 | 241 | 11 | 42 | 72 |
| 27 | 259 | 30 | 59 | 89 | 119 | 150 | 180 | 211 | 242 | 12 | 43 | 73 |
| 28 | 260 | 31 | 60 | 90 | 120 | 151 | 181 | 212 | 243 | 13 | 44 | 74 |
| 29 | 1 | 32 | 61 | 91 | 121 | 152 | 182 | 213 | 244 | 14 | 45 | 75 |
| 30 | 2 | | 62 | 92 | 122 | 153 | 183 | 214 | 245 | 15 | 46 | 76 |
| 31 | 3 | | 63 | | 123 | | 184 | 215 | | 16 | | 77 |

## 1925・1977・2029年

| | 1月 | 2月 | 3月 | 4月 | 5月 | 6月 | 7月 | 8月 | 9月 | 10月 | 11月 | 12月 |
|---|---|---|---|---|---|---|---|---|---|---|---|---|
| 1 | 78 | 109 | 137 | 168 | 198 | 229 | 259 | 30 | 61 | 91 | 122 | 152 |
| 2 | 79 | 110 | 138 | 169 | 199 | 230 | 260 | 31 | 62 | 92 | 123 | 153 |
| 3 | 80 | 111 | 139 | 170 | 200 | 231 | 1 | 32 | 63 | 93 | 124 | 154 |
| 4 | 81 | 112 | 140 | 171 | 201 | 232 | 2 | 33 | 64 | 94 | 125 | 155 |
| 5 | 82 | 113 | 141 | 172 | 202 | 233 | 3 | 34 | 65 | 95 | 126 | 156 |
| 6 | 83 | 114 | 142 | 173 | 203 | 234 | 4 | 35 | 66 | 96 | 127 | 157 |
| 7 | 84 | 115 | 143 | 174 | 204 | 235 | 5 | 36 | 67 | 97 | 128 | 158 |
| 8 | 85 | 116 | 144 | 175 | 205 | 236 | 6 | 37 | 68 | 98 | 129 | 159 |
| 9 | 86 | 117 | 145 | 176 | 206 | 237 | 7 | 38 | 69 | 99 | 130 | 160 |
| 10 | 87 | 118 | 146 | 177 | 207 | 238 | 8 | 39 | 70 | 100 | 131 | 161 |
| 11 | 88 | 119 | 147 | 178 | 208 | 239 | 9 | 40 | 71 | 101 | 132 | 162 |
| 12 | 89 | 120 | 148 | 179 | 209 | 240 | 10 | 41 | 72 | 102 | 133 | 163 |
| 13 | 90 | 121 | 149 | 180 | 210 | 241 | 11 | 42 | 73 | 103 | 134 | 164 |
| 14 | 91 | 122 | 150 | 181 | 211 | 242 | 12 | 43 | 74 | 104 | 135 | 165 |
| 15 | 92 | 123 | 151 | 182 | 212 | 243 | 13 | 44 | 75 | 105 | 136 | 166 |
| 16 | 93 | 124 | 152 | 183 | 213 | 244 | 14 | 45 | 76 | 106 | 137 | 167 |
| 17 | 94 | 125 | 153 | 184 | 214 | 245 | 15 | 46 | 77 | 107 | 138 | 168 |
| 18 | 95 | 126 | 154 | 185 | 215 | 246 | 16 | 47 | 78 | 108 | 139 | 169 |
| 19 | 96 | 127 | 155 | 186 | 216 | 247 | 17 | 48 | 79 | 109 | 140 | 170 |
| 20 | 97 | 128 | 156 | 187 | 217 | 248 | 18 | 49 | 80 | 110 | 141 | 171 |
| 21 | 98 | 129 | 157 | 188 | 218 | 249 | 19 | 50 | 81 | 111 | 142 | 172 |
| 22 | 99 | 130 | 158 | 189 | 219 | 250 | 20 | 51 | 82 | 112 | 143 | 173 |
| 23 | 100 | 131 | 159 | 190 | 220 | 251 | 21 | 52 | 83 | 113 | 144 | 174 |
| 24 | 101 | 132 | 160 | 191 | 221 | 252 | 22 | 53 | 84 | 114 | 145 | 175 |
| 25 | 102 | 133 | 161 | 192 | 222 | 253 | 23 | 54 | 85 | 115 | 146 | 176 |
| 26 | 103 | 134 | 162 | 193 | 223 | 254 | 24 | 55 | 86 | 116 | 147 | 177 |
| 27 | 104 | 135 | 163 | 194 | 224 | 255 | 25 | 56 | 87 | 117 | 148 | 178 |
| 28 | 105 | 136 | 164 | 195 | 225 | 256 | 26 | 57 | 88 | 118 | 149 | 179 |
| 29 | 106 | | 165 | 196 | 226 | 257 | 27 | 58 | 89 | 119 | 150 | 180 |
| 30 | 107 | | 166 | 197 | 227 | 258 | 28 | 59 | 90 | 120 | 151 | 181 |
| 31 | 108 | | 167 | | 228 | | 29 | 60 | | 121 | | 182 |

## 1926・1978・2030年

| | 1月 | 2月 | 3月 | 4月 | 5月 | 6月 | 7月 | 8月 | 9月 | 10月 | 11月 | 12月 |
|---|---|---|---|---|---|---|---|---|---|---|---|---|
| 1 | 183 | 214 | 242 | 13 | 43 | 74 | 104 | 135 | 166 | 196 | 227 | 257 |
| 2 | 184 | 215 | 243 | 14 | 44 | 75 | 105 | 136 | 167 | 197 | 228 | 258 |
| 3 | 185 | 216 | 244 | 15 | 45 | 76 | 106 | 137 | 168 | 198 | 229 | 259 |
| 4 | 186 | 217 | 245 | 16 | 46 | 77 | 107 | 138 | 169 | 199 | 230 | 260 |
| 5 | 187 | 218 | 246 | 17 | 47 | 78 | 108 | 139 | 170 | 200 | 231 | 1 |
| 6 | 188 | 219 | 247 | 18 | 48 | 79 | 109 | 140 | 171 | 201 | 232 | 2 |
| 7 | 189 | 220 | 248 | 19 | 49 | 80 | 110 | 141 | 172 | 202 | 233 | 3 |
| 8 | 190 | 221 | 249 | 20 | 50 | 81 | 111 | 142 | 173 | 203 | 234 | 4 |
| 9 | 191 | 222 | 250 | 21 | 51 | 82 | 112 | 143 | 174 | 204 | 235 | 5 |
| 10 | 192 | 223 | 251 | 22 | 52 | 83 | 113 | 144 | 175 | 205 | 236 | 6 |
| 11 | 193 | 224 | 252 | 23 | 53 | 84 | 114 | 145 | 176 | 206 | 237 | 7 |
| 12 | 194 | 225 | 253 | 24 | 54 | 85 | 115 | 146 | 177 | 207 | 238 | 8 |
| 13 | 195 | 226 | 254 | 25 | 55 | 86 | 116 | 147 | 178 | 208 | 239 | 9 |
| 14 | 196 | 227 | 255 | 26 | 56 | 87 | 117 | 148 | 179 | 209 | 240 | 10 |
| 15 | 197 | 228 | 256 | 27 | 57 | 88 | 118 | 149 | 180 | 210 | 241 | 11 |
| 16 | 198 | 229 | 257 | 28 | 58 | 89 | 119 | 150 | 181 | 211 | 242 | 12 |
| 17 | 199 | 230 | 258 | 29 | 59 | 90 | 120 | 151 | 182 | 212 | 243 | 13 |
| 18 | 200 | 231 | 259 | 30 | 60 | 91 | 121 | 152 | 183 | 213 | 244 | 14 |
| 19 | 201 | 232 | 260 | 31 | 61 | 92 | 122 | 153 | 184 | 214 | 245 | 15 |
| 20 | 202 | 233 | 1 | 32 | 62 | 93 | 123 | 154 | 185 | 215 | 246 | 16 |
| 21 | 203 | 234 | 2 | 33 | 63 | 94 | 124 | 155 | 186 | 216 | 247 | 17 |
| 22 | 204 | 235 | 3 | 34 | 64 | 95 | 125 | 156 | 187 | 217 | 248 | 18 |
| 23 | 205 | 236 | 4 | 35 | 65 | 96 | 126 | 157 | 188 | 218 | 249 | 19 |
| 24 | 206 | 237 | 5 | 36 | 66 | 97 | 127 | 158 | 189 | 219 | 250 | 20 |
| 25 | 207 | 238 | 6 | 37 | 67 | 98 | 128 | 159 | 190 | 220 | 251 | 21 |
| 26 | 208 | 239 | 7 | 38 | 68 | 99 | 129 | 160 | 191 | 221 | 252 | 22 |
| 27 | 209 | 240 | 8 | 39 | 69 | 100 | 130 | 161 | 192 | 222 | 253 | 23 |
| 28 | 210 | 241 | 9 | 40 | 70 | 101 | 131 | 162 | 193 | 223 | 254 | 24 |
| 29 | 211 | | 10 | 41 | 71 | 102 | 132 | 163 | 194 | 224 | 255 | 25 |
| 30 | 212 | | 11 | 42 | 72 | 103 | 133 | 164 | 195 | 225 | 256 | 26 |
| 31 | 213 | | 12 | | 73 | | 134 | 165 | | 226 | | 27 |

## 1927・1979・2031年

| | 1月 | 2月 | 3月 | 4月 | 5月 | 6月 | 7月 | 8月 | 9月 | 10月 | 11月 | 12月 |
|---|---|---|---|---|---|---|---|---|---|---|---|---|
| 1 | 28 | 59 | 87 | 118 | 148 | 179 | 209 | 240 | 11 | 41 | 72 | 102 |
| 2 | 29 | 60 | 88 | 119 | 149 | 180 | 210 | 241 | 12 | 42 | 73 | 103 |
| 3 | 30 | 61 | 89 | 120 | 150 | 181 | 211 | 242 | 13 | 43 | 74 | 104 |
| 4 | 31 | 62 | 90 | 121 | 151 | 182 | 212 | 243 | 14 | 44 | 75 | 105 |
| 5 | 32 | 63 | 91 | 122 | 152 | 183 | 213 | 244 | 15 | 45 | 76 | 106 |
| 6 | 33 | 64 | 92 | 123 | 153 | 184 | 214 | 245 | 16 | 46 | 77 | 107 |
| 7 | 34 | 65 | 93 | 124 | 154 | 185 | 215 | 246 | 17 | 47 | 78 | 108 |
| 8 | 35 | 66 | 94 | 125 | 155 | 186 | 216 | 247 | 18 | 48 | 79 | 109 |
| 9 | 36 | 67 | 95 | 126 | 156 | 187 | 217 | 248 | 19 | 49 | 80 | 110 |
| 10 | 37 | 68 | 96 | 127 | 157 | 188 | 218 | 249 | 20 | 50 | 81 | 111 |
| 11 | 38 | 69 | 97 | 128 | 158 | 189 | 219 | 250 | 21 | 51 | 82 | 112 |
| 12 | 39 | 70 | 98 | 129 | 159 | 190 | 220 | 251 | 22 | 52 | 83 | 113 |
| 13 | 40 | 71 | 99 | 130 | 160 | 191 | 221 | 252 | 23 | 53 | 84 | 114 |
| 14 | 41 | 72 | 100 | 131 | 161 | 192 | 222 | 253 | 24 | 54 | 85 | 115 |
| 15 | 42 | 73 | 101 | 132 | 162 | 193 | 223 | 254 | 25 | 55 | 86 | 116 |
| 16 | 43 | 74 | 102 | 133 | 163 | 194 | 224 | 255 | 26 | 56 | 87 | 117 |
| 17 | 44 | 75 | 103 | 134 | 164 | 195 | 225 | 256 | 27 | 57 | 88 | 118 |
| 18 | 45 | 76 | 104 | 135 | 165 | 196 | 226 | 257 | 28 | 58 | 89 | 119 |
| 19 | 46 | 77 | 105 | 136 | 166 | 197 | 227 | 258 | 29 | 59 | 90 | 120 |
| 20 | 47 | 78 | 106 | 137 | 167 | 198 | 228 | 259 | 30 | 60 | 91 | 121 |
| 21 | 48 | 79 | 107 | 138 | 168 | 199 | 229 | 260 | 31 | 61 | 92 | 122 |
| 22 | 49 | 80 | 108 | 139 | 169 | 200 | 230 | 1 | 32 | 62 | 93 | 123 |
| 23 | 50 | 81 | 109 | 140 | 170 | 201 | 231 | 2 | 33 | 63 | 94 | 124 |
| 24 | 51 | 82 | 110 | 141 | 171 | 202 | 232 | 3 | 34 | 64 | 95 | 125 |
| 25 | 52 | 83 | 111 | 142 | 172 | 203 | 233 | 4 | 35 | 65 | 96 | 126 |
| 26 | 53 | 84 | 112 | 143 | 173 | 204 | 234 | 5 | 36 | 66 | 97 | 127 |
| 27 | 54 | 85 | 113 | 144 | 174 | 205 | 235 | 6 | 37 | 67 | 98 | 128 |
| 28 | 55 | 86 | 114 | 145 | 175 | 206 | 236 | 7 | 38 | 68 | 99 | 129 |
| 29 | 56 | | 115 | 146 | 176 | 207 | 237 | 8 | 39 | 69 | 100 | 130 |
| 30 | 57 | | 116 | 147 | 177 | 208 | 238 | 9 | 40 | 70 | 101 | 131 |
| 31 | 58 | | 117 | | 178 | | 239 | 10 | | 71 | | 132 |

## 1928・1980・2032年

| | 1月 | 2月 | 3月 | 4月 | 5月 | 6月 | 7月 | 8月 | 9月 | 10月 | 11月 | 12月 |
|---|---|---|---|---|---|---|---|---|---|---|---|---|
| 1 | 133 | 164 | 193 | 223 | 253 | 24 | 54 | 85 | 116 | 146 | 177 | 207 |
| 2 | 134 | 165 | 194 | 224 | 254 | 25 | 55 | 86 | 117 | 147 | 178 | 208 |
| 3 | 135 | 166 | 195 | 225 | 255 | 26 | 56 | 87 | 118 | 148 | 179 | 209 |
| 4 | 136 | 167 | 196 | 226 | 256 | 27 | 57 | 88 | 119 | 149 | 180 | 210 |
| 5 | 137 | 168 | 197 | 227 | 257 | 28 | 58 | 89 | 120 | 150 | 181 | 211 |
| 6 | 138 | 169 | 198 | 228 | 258 | 29 | 59 | 90 | 121 | 151 | 182 | 212 |
| 7 | 139 | 170 | 199 | 229 | 259 | 30 | 60 | 91 | 122 | 152 | 183 | 213 |
| 8 | 140 | 171 | 200 | 230 | 260 | 31 | 61 | 92 | 123 | 153 | 184 | 214 |
| 9 | 141 | 172 | 201 | 231 | 1 | 32 | 62 | 93 | 124 | 154 | 185 | 215 |
| 10 | 142 | 173 | 202 | 232 | 2 | 33 | 63 | 94 | 125 | 155 | 186 | 216 |
| 11 | 143 | 174 | 203 | 233 | 3 | 34 | 64 | 95 | 126 | 156 | 187 | 217 |
| 12 | 144 | 175 | 204 | 234 | 4 | 35 | 65 | 96 | 127 | 157 | 188 | 218 |
| 13 | 145 | 176 | 205 | 235 | 5 | 36 | 66 | 97 | 128 | 158 | 189 | 219 |
| 14 | 146 | 177 | 206 | 236 | 6 | 37 | 67 | 98 | 129 | 159 | 190 | 220 |
| 15 | 147 | 178 | 207 | 237 | 7 | 38 | 68 | 99 | 130 | 160 | 191 | 221 |
| 16 | 148 | 179 | 208 | 238 | 8 | 39 | 69 | 100 | 131 | 161 | 192 | 222 |
| 17 | 149 | 180 | 209 | 239 | 9 | 40 | 70 | 101 | 132 | 162 | 193 | 223 |
| 18 | 150 | 181 | 210 | 240 | 10 | 41 | 71 | 102 | 133 | 163 | 194 | 224 |
| 19 | 151 | 182 | 211 | 241 | 11 | 42 | 72 | 103 | 134 | 164 | 195 | 225 |
| 20 | 152 | 183 | 212 | 242 | 12 | 43 | 73 | 104 | 135 | 165 | 196 | 226 |
| 21 | 153 | 184 | 213 | 243 | 13 | 44 | 74 | 105 | 136 | 166 | 197 | 227 |
| 22 | 154 | 185 | 214 | 244 | 14 | 45 | 75 | 106 | 137 | 167 | 198 | 228 |
| 23 | 155 | 186 | 215 | 245 | 15 | 46 | 76 | 107 | 138 | 168 | 199 | 229 |
| 24 | 156 | 187 | 216 | 246 | 16 | 47 | 77 | 108 | 139 | 169 | 200 | 230 |
| 25 | 157 | 188 | 217 | 247 | 17 | 48 | 78 | 109 | 140 | 170 | 201 | 231 |
| 26 | 158 | 189 | 218 | 248 | 18 | 49 | 79 | 110 | 141 | 171 | 202 | 232 |
| 27 | 159 | 190 | 219 | 249 | 19 | 50 | 80 | 111 | 142 | 172 | 203 | 233 |
| 28 | 160 | 191 | 220 | 250 | 20 | 51 | 81 | 112 | 143 | 173 | 204 | 234 |
| 29 | 161 | 192 | 221 | 251 | 21 | 52 | 82 | 113 | 144 | 174 | 205 | 235 |
| 30 | 162 | | 222 | 252 | 22 | 53 | 83 | 114 | 145 | 175 | 206 | 236 |
| 31 | 163 | | 223 | | 23 | | 84 | 115 | | 176 | | 237 |

## 1929・1981・2033年

| | 1月 | 2月 | 3月 | 4月 | 5月 | 6月 | 7月 | 8月 | 9月 | 10月 | 11月 | 12月 |
|---|---|---|---|---|---|---|---|---|---|---|---|---|
| 1 | 238 | 9 | 37 | 68 | 98 | 129 | 159 | 190 | 221 | 251 | 22 | 52 |
| 2 | 239 | 10 | 38 | 69 | 99 | 130 | 160 | 191 | 222 | 252 | 23 | 53 |
| 3 | 240 | 11 | 39 | 70 | 100 | 131 | 161 | 192 | 223 | 253 | 24 | 54 |
| 4 | 241 | 12 | 40 | 71 | 101 | 132 | 162 | 193 | 224 | 254 | 25 | 55 |
| 5 | 242 | 13 | 41 | 72 | 102 | 133 | 163 | 194 | 225 | 255 | 26 | 56 |
| 6 | 243 | 14 | 42 | 73 | 103 | 134 | 164 | 195 | 226 | 256 | 27 | 57 |
| 7 | 244 | 15 | 43 | 74 | 104 | 135 | 165 | 196 | 227 | 257 | 28 | 58 |
| 8 | 245 | 16 | 44 | 75 | 105 | 136 | 166 | 197 | 228 | 258 | 29 | 59 |
| 9 | 246 | 17 | 45 | 76 | 106 | 137 | 167 | 198 | 229 | 259 | 30 | 60 |
| 10 | 247 | 18 | 46 | 77 | 107 | 138 | 168 | 199 | 230 | 260 | 31 | 61 |
| 11 | 248 | 19 | 47 | 78 | 108 | 139 | 169 | 200 | 231 | 1 | 32 | 62 |
| 12 | 249 | 20 | 48 | 79 | 109 | 140 | 170 | 201 | 232 | 2 | 33 | 63 |
| 13 | 250 | 21 | 49 | 80 | 110 | 141 | 171 | 202 | 233 | 3 | 34 | 64 |
| 14 | 251 | 22 | 50 | 81 | 111 | 142 | 172 | 203 | 234 | 4 | 35 | 65 |
| 15 | 252 | 23 | 51 | 82 | 112 | 143 | 173 | 204 | 235 | 5 | 36 | 66 |
| 16 | 253 | 24 | 52 | 83 | 113 | 144 | 174 | 205 | 236 | 6 | 37 | 67 |
| 17 | 254 | 25 | 53 | 84 | 114 | 145 | 175 | 206 | 237 | 7 | 38 | 68 |
| 18 | 255 | 26 | 54 | 85 | 115 | 146 | 176 | 207 | 238 | 8 | 39 | 69 |
| 19 | 256 | 27 | 55 | 86 | 116 | 147 | 177 | 208 | 239 | 9 | 40 | 70 |
| 20 | 257 | 28 | 56 | 87 | 117 | 148 | 178 | 209 | 240 | 10 | 41 | 71 |
| 21 | 258 | 29 | 57 | 88 | 118 | 149 | 179 | 210 | 241 | 11 | 42 | 72 |
| 22 | 259 | 30 | 58 | 89 | 119 | 150 | 180 | 211 | 242 | 12 | 43 | 73 |
| 23 | 260 | 31 | 59 | 90 | 120 | 151 | 181 | 212 | 243 | 13 | 44 | 74 |
| 24 | 1 | 32 | 60 | 91 | 121 | 152 | 182 | 213 | 244 | 14 | 45 | 75 |
| 25 | 2 | 33 | 61 | 92 | 122 | 153 | 183 | 214 | 245 | 15 | 46 | 76 |
| 26 | 3 | 34 | 62 | 93 | 123 | 154 | 184 | 215 | 246 | 16 | 47 | 77 |
| 27 | 4 | 35 | 63 | 94 | 124 | 155 | 185 | 216 | 247 | 17 | 48 | 78 |
| 28 | 5 | 36 | 64 | 95 | 125 | 156 | 186 | 217 | 248 | 18 | 49 | 79 |
| 29 | 6 | | 65 | 96 | 126 | 157 | 187 | 218 | 249 | 19 | 50 | 80 |
| 30 | 7 | | 66 | 97 | 127 | 158 | 188 | 219 | 250 | 20 | 51 | 81 |
| 31 | 8 | | 67 | | 128 | | 189 | 220 | | 21 | | 82 |

## 1930・1982・2034年

| | 1月 | 2月 | 3月 | 4月 | 5月 | 6月 | 7月 | 8月 | 9月 | 10月 | 11月 | 12月 |
|---|---|---|---|---|---|---|---|---|---|---|---|---|
| 1 | 83 | 114 | 142 | 173 | 203 | 234 | 4 | 35 | 66 | 96 | 127 | 157 |
| 2 | 84 | 115 | 143 | 174 | 204 | 235 | 5 | 36 | 67 | 97 | 128 | 158 |
| 3 | 85 | 116 | 144 | 175 | 205 | 236 | 6 | 37 | 68 | 98 | 129 | 159 |
| 4 | 86 | 117 | 145 | 176 | 206 | 237 | 7 | 38 | 69 | 99 | 130 | 160 |
| 5 | 87 | 118 | 146 | 177 | 207 | 238 | 8 | 39 | 70 | 100 | 131 | 161 |
| 6 | 88 | 119 | 147 | 178 | 208 | 239 | 9 | 40 | 71 | 101 | 132 | 162 |
| 7 | 89 | 120 | 148 | 179 | 209 | 240 | 10 | 41 | 72 | 102 | 133 | 163 |
| 8 | 90 | 121 | 149 | 180 | 210 | 241 | 11 | 42 | 73 | 103 | 134 | 164 |
| 9 | 91 | 122 | 150 | 181 | 211 | 242 | 12 | 43 | 74 | 104 | 135 | 165 |
| 10 | 92 | 123 | 151 | 182 | 212 | 243 | 13 | 44 | 75 | 105 | 136 | 166 |
| 11 | 93 | 124 | 152 | 183 | 213 | 244 | 14 | 45 | 76 | 106 | 137 | 167 |
| 12 | 94 | 125 | 153 | 184 | 214 | 245 | 15 | 46 | 77 | 107 | 138 | 168 |
| 13 | 95 | 126 | 154 | 185 | 215 | 246 | 16 | 47 | 78 | 108 | 139 | 169 |
| 14 | 96 | 127 | 155 | 186 | 216 | 247 | 17 | 48 | 79 | 109 | 140 | 170 |
| 15 | 97 | 128 | 156 | 187 | 217 | 248 | 18 | 49 | 80 | 110 | 141 | 171 |
| 16 | 98 | 129 | 157 | 188 | 218 | 249 | 19 | 50 | 81 | 111 | 142 | 172 |
| 17 | 99 | 130 | 158 | 189 | 219 | 250 | 20 | 51 | 82 | 112 | 143 | 173 |
| 18 | 100 | 131 | 159 | 190 | 220 | 251 | 21 | 52 | 83 | 113 | 144 | 174 |
| 19 | 101 | 132 | 160 | 191 | 221 | 252 | 22 | 53 | 84 | 114 | 145 | 175 |
| 20 | 102 | 133 | 161 | 192 | 222 | 253 | 23 | 54 | 85 | 115 | 146 | 176 |
| 21 | 103 | 134 | 162 | 193 | 223 | 254 | 24 | 55 | 86 | 116 | 147 | 177 |
| 22 | 104 | 135 | 163 | 194 | 224 | 255 | 25 | 56 | 87 | 117 | 148 | 178 |
| 23 | 105 | 136 | 164 | 195 | 225 | 256 | 26 | 57 | 88 | 118 | 149 | 179 |
| 24 | 106 | 137 | 165 | 196 | 226 | 257 | 27 | 58 | 89 | 119 | 150 | 180 |
| 25 | 107 | 138 | 166 | 197 | 227 | 258 | 28 | 59 | 90 | 120 | 151 | 181 |
| 26 | 108 | 139 | 167 | 198 | 228 | 259 | 29 | 60 | 91 | 121 | 152 | 182 |
| 27 | 109 | 140 | 168 | 199 | 229 | 260 | 30 | 61 | 92 | 122 | 153 | 183 |
| 28 | 110 | 141 | 169 | 200 | 230 | 1 | 31 | 62 | 93 | 123 | 154 | 184 |
| 29 | 111 | | 170 | 201 | 231 | 2 | 32 | 63 | 94 | 124 | 155 | 185 |
| 30 | 112 | | 171 | 202 | 232 | 3 | 33 | 64 | 95 | 125 | 156 | 186 |
| 31 | 113 | | 172 | | 233 | | 34 | 65 | | 126 | | 187 |

## 1931・1983・2035年

| | 1月 | 2月 | 3月 | 4月 | 5月 | 6月 | 7月 | 8月 | 9月 | 10月 | 11月 | 12月 |
|---|---|---|---|---|---|---|---|---|---|---|---|---|
| 1 | 188 | 219 | 247 | 18 | 48 | 79 | 109 | 140 | 171 | 201 | 232 | 2 |
| 2 | 189 | 220 | 248 | 19 | 49 | 80 | 110 | 141 | 172 | 202 | 233 | 3 |
| 3 | 190 | 221 | 249 | 20 | 50 | 81 | 111 | 142 | 173 | 203 | 234 | 4 |
| 4 | 191 | 222 | 250 | 21 | 51 | 82 | 112 | 143 | 174 | 204 | 235 | 5 |
| 5 | 192 | 223 | 251 | 22 | 52 | 83 | 113 | 144 | 175 | 205 | 236 | 6 |
| 6 | 193 | 224 | 252 | 23 | 53 | 84 | 114 | 145 | 176 | 206 | 237 | 7 |
| 7 | 194 | 225 | 253 | 24 | 54 | 85 | 115 | 146 | 177 | 207 | 238 | 8 |
| 8 | 195 | 226 | 254 | 25 | 55 | 86 | 116 | 147 | 178 | 208 | 239 | 9 |
| 9 | 196 | 227 | 255 | 26 | 56 | 87 | 117 | 148 | 179 | 209 | 240 | 10 |
| 10 | 197 | 228 | 256 | 27 | 57 | 88 | 118 | 149 | 180 | 210 | 241 | 11 |
| 11 | 198 | 229 | 257 | 28 | 58 | 89 | 119 | 150 | 181 | 211 | 242 | 12 |
| 12 | 199 | 230 | 258 | 29 | 59 | 90 | 120 | 151 | 182 | 212 | 243 | 13 |
| 13 | 200 | 231 | 259 | 30 | 60 | 91 | 121 | 152 | 183 | 213 | 244 | 14 |
| 14 | 201 | 232 | 260 | 31 | 61 | 92 | 122 | 153 | 184 | 214 | 245 | 15 |
| 15 | 202 | 233 | 1 | 32 | 62 | 93 | 123 | 154 | 185 | 215 | 246 | 16 |
| 16 | 203 | 234 | 2 | 33 | 63 | 94 | 124 | 155 | 186 | 216 | 247 | 17 |
| 17 | 204 | 235 | 3 | 34 | 64 | 95 | 125 | 156 | 187 | 217 | 248 | 18 |
| 18 | 205 | 236 | 4 | 35 | 65 | 96 | 126 | 157 | 188 | 218 | 249 | 19 |
| 19 | 206 | 237 | 5 | 36 | 66 | 97 | 127 | 158 | 189 | 219 | 250 | 20 |
| 20 | 207 | 238 | 6 | 37 | 67 | 98 | 128 | 159 | 190 | 220 | 251 | 21 |
| 21 | 208 | 239 | 7 | 38 | 68 | 99 | 129 | 160 | 191 | 221 | 252 | 22 |
| 22 | 209 | 240 | 8 | 39 | 69 | 100 | 130 | 161 | 192 | 222 | 253 | 23 |
| 23 | 210 | 241 | 9 | 40 | 70 | 101 | 131 | 162 | 193 | 223 | 254 | 24 |
| 24 | 211 | 242 | 10 | 41 | 71 | 102 | 132 | 163 | 194 | 224 | 255 | 25 |
| 25 | 212 | 243 | 11 | 42 | 72 | 103 | 133 | 164 | 195 | 225 | 256 | 26 |
| 26 | 213 | 244 | 12 | 43 | 73 | 104 | 134 | 165 | 196 | 226 | 257 | 27 |
| 27 | 214 | 245 | 13 | 44 | 74 | 105 | 135 | 166 | 197 | 227 | 258 | 28 |
| 28 | 215 | 246 | 14 | 45 | 75 | 106 | 136 | 167 | 198 | 228 | 259 | 29 |
| 29 | 216 | | 15 | 46 | 76 | 107 | 137 | 168 | 199 | 229 | 260 | 30 |
| 30 | 217 | | 16 | 47 | 77 | 108 | 138 | 169 | 200 | 230 | 1 | 31 |
| 31 | 218 | | 17 | | 78 | | 139 | 170 | | 231 | | 32 |

## 1932・1984・2036年

| | 1月 | 2月 | 3月 | 4月 | 5月 | 6月 | 7月 | 8月 | 9月 | 10月 | 11月 | 12月 |
|---|---|---|---|---|---|---|---|---|---|---|---|---|
| 1 | 33 | 64 | 93 | 123 | 153 | 184 | 214 | 245 | 16 | 46 | 77 | 107 |
| 2 | 34 | 65 | 94 | 124 | 154 | 185 | 215 | 246 | 17 | 47 | 78 | 108 |
| 3 | 35 | 66 | 95 | 125 | 155 | 186 | 216 | 247 | 18 | 48 | 79 | 109 |
| 4 | 36 | 67 | 96 | 126 | 156 | 187 | 217 | 248 | 19 | 49 | 80 | 110 |
| 5 | 37 | 68 | 97 | 127 | 157 | 188 | 218 | 249 | 20 | 50 | 81 | 111 |
| 6 | 38 | 69 | 98 | 128 | 158 | 189 | 219 | 250 | 21 | 51 | 82 | 112 |
| 7 | 39 | 70 | 99 | 129 | 159 | 190 | 220 | 251 | 22 | 52 | 83 | 113 |
| 8 | 40 | 71 | 100 | 130 | 160 | 191 | 221 | 252 | 23 | 53 | 84 | 114 |
| 9 | 41 | 72 | 101 | 131 | 161 | 192 | 222 | 253 | 24 | 54 | 85 | 115 |
| 10 | 42 | 73 | 102 | 132 | 162 | 193 | 223 | 254 | 25 | 55 | 86 | 116 |
| 11 | 43 | 74 | 103 | 133 | 163 | 194 | 224 | 255 | 26 | 56 | 87 | 117 |
| 12 | 44 | 75 | 104 | 134 | 164 | 195 | 225 | 256 | 27 | 57 | 88 | 118 |
| 13 | 45 | 76 | 105 | 135 | 165 | 196 | 226 | 257 | 28 | 58 | 89 | 119 |
| 14 | 46 | 77 | 106 | 136 | 166 | 197 | 227 | 258 | 29 | 59 | 90 | 120 |
| 15 | 47 | 78 | 107 | 137 | 167 | 198 | 228 | 259 | 30 | 60 | 91 | 121 |
| 16 | 48 | 79 | 108 | 138 | 168 | 199 | 229 | 260 | 31 | 61 | 92 | 122 |
| 17 | 49 | 80 | 109 | 139 | 169 | 200 | 230 | 1 | 32 | 62 | 93 | 123 |
| 18 | 50 | 81 | 110 | 140 | 170 | 201 | 231 | 2 | 33 | 63 | 94 | 124 |
| 19 | 51 | 82 | 111 | 141 | 171 | 202 | 232 | 3 | 34 | 64 | 95 | 125 |
| 20 | 52 | 83 | 112 | 142 | 172 | 203 | 233 | 4 | 35 | 65 | 96 | 126 |
| 21 | 53 | 84 | 113 | 143 | 173 | 204 | 234 | 5 | 36 | 66 | 97 | 127 |
| 22 | 54 | 85 | 114 | 144 | 174 | 205 | 235 | 6 | 37 | 67 | 98 | 128 |
| 23 | 55 | 86 | 115 | 145 | 175 | 206 | 236 | 7 | 38 | 68 | 99 | 129 |
| 24 | 56 | 87 | 116 | 146 | 176 | 207 | 237 | 8 | 39 | 69 | 100 | 130 |
| 25 | 57 | 88 | 117 | 147 | 177 | 208 | 238 | 9 | 40 | 70 | 101 | 131 |
| 26 | 58 | 89 | 118 | 148 | 178 | 209 | 239 | 10 | 41 | 71 | 102 | 132 |
| 27 | 59 | 90 | 119 | 149 | 179 | 210 | 240 | 11 | 42 | 72 | 103 | 133 |
| 28 | 60 | 91 | 120 | 150 | 180 | 211 | 241 | 12 | 43 | 73 | 104 | 134 |
| 29 | 61 | 92 | 121 | 151 | 181 | 212 | 242 | 13 | 44 | 74 | 105 | 135 |
| 30 | 62 | | 122 | 152 | 182 | 213 | 243 | 14 | 45 | 75 | 106 | 136 |
| 31 | 63 | | 123 | | 183 | | 244 | 15 | | 76 | | 137 |

## 1933・1985・2037年

| | 1月 | 2月 | 3月 | 4月 | 5月 | 6月 | 7月 | 8月 | 9月 | 10月 | 11月 | 12月 |
|---|---|---|---|---|---|---|---|---|---|---|---|---|
| 1 | 138 | 169 | 197 | 228 | 258 | 29 | 59 | 90 | 121 | 151 | 182 | 212 |
| 2 | 139 | 170 | 198 | 229 | 259 | 30 | 60 | 91 | 122 | 152 | 183 | 213 |
| 3 | 140 | 171 | 199 | 230 | 260 | 31 | 61 | 92 | 123 | 153 | 184 | 214 |
| 4 | 141 | 172 | 200 | 231 | 1 | 32 | 62 | 93 | 124 | 154 | 185 | 215 |
| 5 | 142 | 173 | 201 | 232 | 2 | 33 | 63 | 94 | 125 | 155 | 186 | 216 |
| 6 | 143 | 174 | 202 | 233 | 3 | 34 | 64 | 95 | 126 | 156 | 187 | 217 |
| 7 | 144 | 175 | 203 | 234 | 4 | 35 | 65 | 96 | 127 | 157 | 188 | 218 |
| 8 | 145 | 176 | 204 | 235 | 5 | 36 | 66 | 97 | 128 | 158 | 189 | 219 |
| 9 | 146 | 177 | 205 | 236 | 6 | 37 | 67 | 98 | 129 | 159 | 190 | 220 |
| 10 | 147 | 178 | 206 | 237 | 7 | 38 | 68 | 99 | 130 | 160 | 191 | 221 |
| 11 | 148 | 179 | 207 | 238 | 8 | 39 | 69 | 100 | 131 | 161 | 192 | 222 |
| 12 | 149 | 180 | 208 | 239 | 9 | 40 | 70 | 101 | 132 | 162 | 193 | 223 |
| 13 | 150 | 181 | 209 | 240 | 10 | 41 | 71 | 102 | 133 | 163 | 194 | 224 |
| 14 | 151 | 182 | 210 | 241 | 11 | 42 | 72 | 103 | 134 | 164 | 195 | 225 |
| 15 | 152 | 183 | 211 | 242 | 12 | 43 | 73 | 104 | 135 | 165 | 196 | 226 |
| 16 | 153 | 184 | 212 | 243 | 13 | 44 | 74 | 105 | 136 | 166 | 197 | 227 |
| 17 | 154 | 185 | 213 | 244 | 14 | 45 | 75 | 106 | 137 | 167 | 198 | 228 |
| 18 | 155 | 186 | 214 | 245 | 15 | 46 | 76 | 107 | 138 | 168 | 199 | 229 |
| 19 | 156 | 187 | 215 | 246 | 16 | 47 | 77 | 108 | 139 | 169 | 200 | 230 |
| 20 | 157 | 188 | 216 | 247 | 17 | 48 | 78 | 109 | 140 | 170 | 201 | 231 |
| 21 | 158 | 189 | 217 | 248 | 18 | 49 | 79 | 110 | 141 | 171 | 202 | 232 |
| 22 | 159 | 190 | 218 | 249 | 19 | 50 | 80 | 111 | 142 | 172 | 203 | 233 |
| 23 | 160 | 191 | 219 | 250 | 20 | 51 | 81 | 112 | 143 | 173 | 204 | 234 |
| 24 | 161 | 192 | 220 | 251 | 21 | 52 | 82 | 113 | 144 | 174 | 205 | 235 |
| 25 | 162 | 193 | 221 | 252 | 22 | 53 | 83 | 114 | 145 | 175 | 206 | 236 |
| 26 | 163 | 194 | 222 | 253 | 23 | 54 | 84 | 115 | 146 | 176 | 207 | 237 |
| 27 | 164 | 195 | 223 | 254 | 24 | 55 | 85 | 116 | 147 | 177 | 208 | 238 |
| 28 | 165 | 196 | 224 | 255 | 25 | 56 | 86 | 117 | 148 | 178 | 209 | 239 |
| 29 | 166 | | 225 | 256 | 26 | 57 | 87 | 118 | 149 | 179 | 210 | 240 |
| 30 | 167 | | 226 | 257 | 27 | 58 | 88 | 119 | 150 | 180 | 211 | 241 |
| 31 | 168 | | 227 | | 28 | | 89 | 120 | | 181 | | 242 |

## 1934・1986・2038年

| | 1月 | 2月 | 3月 | 4月 | 5月 | 6月 | 7月 | 8月 | 9月 | 10月 | 11月 | 12月 |
|---|---|---|---|---|---|---|---|---|---|---|---|---|
| 1 | 243 | 14 | 42 | 73 | 103 | 134 | 164 | 195 | 226 | 256 | 27 | 57 |
| 2 | 244 | 15 | 43 | 74 | 104 | 135 | 165 | 196 | 227 | 257 | 28 | 58 |
| 3 | 245 | 16 | 44 | 75 | 105 | 136 | 166 | 197 | 228 | 258 | 29 | 59 |
| 4 | 246 | 17 | 45 | 76 | 106 | 137 | 167 | 198 | 229 | 259 | 30 | 60 |
| 5 | 247 | 18 | 46 | 77 | 107 | 138 | 168 | 199 | 230 | 260 | 31 | 61 |
| 6 | 248 | 19 | 47 | 78 | 108 | 139 | 169 | 200 | 231 | 1 | 32 | 62 |
| 7 | 249 | 20 | 48 | 79 | 109 | 140 | 170 | 201 | 232 | 2 | 33 | 63 |
| 8 | 250 | 21 | 49 | 80 | 110 | 141 | 171 | 202 | 233 | 3 | 34 | 64 |
| 9 | 251 | 22 | 50 | 81 | 111 | 142 | 172 | 203 | 234 | 4 | 35 | 65 |
| 10 | 252 | 23 | 51 | 82 | 112 | 143 | 173 | 204 | 235 | 5 | 36 | 66 |
| 11 | 253 | 24 | 52 | 83 | 113 | 144 | 174 | 205 | 236 | 6 | 37 | 67 |
| 12 | 254 | 25 | 53 | 84 | 114 | 145 | 175 | 206 | 237 | 7 | 38 | 68 |
| 13 | 255 | 26 | 54 | 85 | 115 | 146 | 176 | 207 | 238 | 8 | 39 | 69 |
| 14 | 256 | 27 | 55 | 86 | 116 | 147 | 177 | 208 | 239 | 9 | 40 | 70 |
| 15 | 257 | 28 | 56 | 87 | 117 | 148 | 178 | 209 | 240 | 10 | 41 | 71 |
| 16 | 258 | 29 | 57 | 88 | 118 | 149 | 179 | 210 | 241 | 11 | 42 | 72 |
| 17 | 259 | 30 | 58 | 89 | 119 | 150 | 180 | 211 | 242 | 12 | 43 | 73 |
| 18 | 260 | 31 | 59 | 90 | 120 | 151 | 181 | 212 | 243 | 13 | 44 | 74 |
| 19 | 1 | 32 | 60 | 91 | 121 | 152 | 182 | 213 | 244 | 14 | 45 | 75 |
| 20 | 2 | 33 | 61 | 92 | 122 | 153 | 183 | 214 | 245 | 15 | 46 | 76 |
| 21 | 3 | 34 | 62 | 93 | 123 | 154 | 184 | 215 | 246 | 16 | 47 | 77 |
| 22 | 4 | 35 | 63 | 94 | 124 | 155 | 185 | 216 | 247 | 17 | 48 | 78 |
| 23 | 5 | 36 | 64 | 95 | 125 | 156 | 186 | 217 | 248 | 18 | 49 | 79 |
| 24 | 6 | 37 | 65 | 96 | 126 | 157 | 187 | 218 | 249 | 19 | 50 | 80 |
| 25 | 7 | 38 | 66 | 97 | 127 | 158 | 188 | 219 | 250 | 20 | 51 | 81 |
| 26 | 8 | 39 | 67 | 98 | 128 | 159 | 189 | 220 | 251 | 21 | 52 | 82 |
| 27 | 9 | 40 | 68 | 99 | 129 | 160 | 190 | 221 | 252 | 22 | 53 | 83 |
| 28 | 10 | 41 | 69 | 100 | 130 | 161 | 191 | 222 | 253 | 23 | 54 | 84 |
| 29 | 11 | | 70 | 101 | 131 | 162 | 192 | 223 | 254 | 24 | 55 | 85 |
| 30 | 12 | | 71 | 102 | 132 | 163 | 193 | 224 | 255 | 25 | 56 | 86 |
| 31 | 13 | | 72 | | 133 | | 194 | 225 | | 26 | | 87 |

## 1935・1987・2039年

| | 1月 | 2月 | 3月 | 4月 | 5月 | 6月 | 7月 | 8月 | 9月 | 10月 | 11月 | 12月 |
|---|---|---|---|---|---|---|---|---|---|---|---|---|
| 1 | 88 | 119 | 147 | 178 | 208 | 239 | 9 | 40 | 71 | 101 | 132 | 162 |
| 2 | 89 | 120 | 148 | 179 | 209 | 240 | 10 | 41 | 72 | 102 | 133 | 163 |
| 3 | 90 | 121 | 149 | 180 | 210 | 241 | 11 | 42 | 73 | 103 | 134 | 164 |
| 4 | 91 | 122 | 150 | 181 | 211 | 242 | 12 | 43 | 74 | 104 | 135 | 165 |
| 5 | 92 | 123 | 151 | 182 | 212 | 243 | 13 | 44 | 75 | 105 | 136 | 166 |
| 6 | 93 | 124 | 152 | 183 | 213 | 244 | 14 | 45 | 76 | 106 | 137 | 167 |
| 7 | 94 | 125 | 153 | 184 | 214 | 245 | 15 | 46 | 77 | 107 | 138 | 168 |
| 8 | 95 | 126 | 154 | 185 | 215 | 246 | 16 | 47 | 78 | 108 | 139 | 169 |
| 9 | 96 | 127 | 155 | 186 | 216 | 247 | 17 | 48 | 79 | 109 | 140 | 170 |
| 10 | 97 | 128 | 156 | 187 | 217 | 248 | 18 | 49 | 80 | 110 | 141 | 171 |
| 11 | 98 | 129 | 157 | 188 | 218 | 249 | 19 | 50 | 81 | 111 | 142 | 172 |
| 12 | 99 | 130 | 158 | 189 | 219 | 250 | 20 | 51 | 82 | 112 | 143 | 173 |
| 13 | 100 | 131 | 159 | 190 | 220 | 251 | 21 | 52 | 83 | 113 | 144 | 174 |
| 14 | 101 | 132 | 160 | 191 | 221 | 252 | 22 | 53 | 84 | 114 | 145 | 175 |
| 15 | 102 | 133 | 161 | 192 | 222 | 253 | 23 | 54 | 85 | 115 | 146 | 176 |
| 16 | 103 | 134 | 162 | 193 | 223 | 254 | 24 | 55 | 86 | 116 | 147 | 177 |
| 17 | 104 | 135 | 163 | 194 | 224 | 255 | 25 | 56 | 87 | 117 | 148 | 178 |
| 18 | 105 | 136 | 164 | 195 | 225 | 256 | 26 | 57 | 88 | 118 | 149 | 179 |
| 19 | 106 | 137 | 165 | 196 | 226 | 257 | 27 | 58 | 89 | 119 | 150 | 180 |
| 20 | 107 | 138 | 166 | 197 | 227 | 258 | 28 | 59 | 90 | 120 | 151 | 181 |
| 21 | 108 | 139 | 167 | 198 | 228 | 259 | 29 | 60 | 91 | 121 | 152 | 182 |
| 22 | 109 | 140 | 168 | 199 | 229 | 260 | 30 | 61 | 92 | 122 | 153 | 183 |
| 23 | 110 | 141 | 169 | 200 | 230 | 1 | 31 | 62 | 93 | 123 | 154 | 184 |
| 24 | 111 | 142 | 170 | 201 | 231 | 2 | 32 | 63 | 94 | 124 | 155 | 185 |
| 25 | 112 | 143 | 171 | 202 | 232 | 3 | 33 | 64 | 95 | 125 | 156 | 186 |
| 26 | 113 | 144 | 172 | 203 | 233 | 4 | 34 | 65 | 96 | 126 | 157 | 187 |
| 27 | 114 | 145 | 173 | 204 | 234 | 5 | 35 | 66 | 97 | 127 | 158 | 188 |
| 28 | 115 | 146 | 174 | 205 | 235 | 6 | 36 | 67 | 98 | 128 | 159 | 189 |
| 29 | 116 | | 175 | 206 | 236 | 7 | 37 | 68 | 99 | 129 | 160 | 190 |
| 30 | 117 | | 176 | 207 | 237 | 8 | 38 | 69 | 100 | 130 | 161 | 191 |
| 31 | 118 | | 177 | | 238 | | 39 | 70 | | 131 | | 192 |

## 1936・1988・2040年

| | 1月 | 2月 | 3月 | 4月 | 5月 | 6月 | 7月 | 8月 | 9月 | 10月 | 11月 | 12月 |
|---|---|---|---|---|---|---|---|---|---|---|---|---|
| 1 | 193 | 224 | 253 | 23 | 53 | 84 | 114 | 145 | 176 | 206 | 237 | 7 |
| 2 | 194 | 225 | 254 | 24 | 54 | 85 | 115 | 146 | 177 | 207 | 238 | 8 |
| 3 | 195 | 226 | 255 | 25 | 55 | 86 | 116 | 147 | 178 | 208 | 239 | 9 |
| 4 | 196 | 227 | 256 | 26 | 56 | 87 | 117 | 148 | 179 | 209 | 240 | 10 |
| 5 | 197 | 228 | 257 | 27 | 57 | 88 | 118 | 149 | 180 | 210 | 241 | 11 |
| 6 | 198 | 229 | 258 | 28 | 58 | 89 | 119 | 150 | 181 | 211 | 242 | 12 |
| 7 | 199 | 230 | 259 | 29 | 59 | 90 | 120 | 151 | 182 | 212 | 243 | 13 |
| 8 | 200 | 231 | 260 | 30 | 60 | 91 | 121 | 152 | 183 | 213 | 244 | 14 |
| 9 | 201 | 232 | 1 | 31 | 61 | 92 | 122 | 153 | 184 | 214 | 245 | 15 |
| 10 | 202 | 233 | 2 | 32 | 62 | 93 | 123 | 154 | 185 | 215 | 246 | 16 |
| 11 | 203 | 234 | 3 | 33 | 63 | 94 | 124 | 155 | 186 | 216 | 247 | 17 |
| 12 | 204 | 235 | 4 | 34 | 64 | 95 | 125 | 156 | 187 | 217 | 248 | 18 |
| 13 | 205 | 236 | 5 | 35 | 65 | 96 | 126 | 157 | 188 | 218 | 249 | 19 |
| 14 | 206 | 237 | 6 | 36 | 66 | 97 | 127 | 158 | 189 | 219 | 250 | 20 |
| 15 | 207 | 238 | 7 | 37 | 67 | 98 | 128 | 159 | 190 | 220 | 251 | 21 |
| 16 | 208 | 239 | 8 | 38 | 68 | 99 | 129 | 160 | 191 | 221 | 252 | 22 |
| 17 | 209 | 240 | 9 | 39 | 69 | 100 | 130 | 161 | 192 | 222 | 253 | 23 |
| 18 | 210 | 241 | 10 | 40 | 70 | 101 | 131 | 162 | 193 | 223 | 254 | 24 |
| 19 | 211 | 242 | 11 | 41 | 71 | 102 | 132 | 163 | 194 | 224 | 255 | 25 |
| 20 | 212 | 243 | 12 | 42 | 72 | 103 | 133 | 164 | 195 | 225 | 256 | 26 |
| 21 | 213 | 244 | 13 | 43 | 73 | 104 | 134 | 165 | 196 | 226 | 257 | 27 |
| 22 | 214 | 245 | 14 | 44 | 74 | 105 | 135 | 166 | 197 | 227 | 258 | 28 |
| 23 | 215 | 246 | 15 | 45 | 75 | 106 | 136 | 167 | 198 | 228 | 259 | 29 |
| 24 | 216 | 247 | 16 | 46 | 76 | 107 | 137 | 168 | 199 | 229 | 260 | 30 |
| 25 | 217 | 248 | 17 | 47 | 77 | 108 | 138 | 169 | 200 | 230 | 1 | 31 |
| 26 | 218 | 249 | 18 | 48 | 78 | 109 | 139 | 170 | 201 | 231 | 2 | 32 |
| 27 | 219 | 250 | 19 | 49 | 79 | 110 | 140 | 171 | 202 | 232 | 3 | 33 |
| 28 | 220 | 251 | 20 | 50 | 80 | 111 | 141 | 172 | 203 | 233 | 4 | 34 |
| 29 | 221 | 252 | 21 | 51 | 81 | 112 | 142 | 173 | 204 | 234 | 5 | 35 |
| 30 | 222 | | 22 | 52 | 82 | 113 | 143 | 174 | 205 | 235 | 6 | 36 |
| 31 | 223 | | 23 | | 83 | | 144 | 175 | | 236 | | 37 |

## 1937・1989・2041年

| | 1月 | 2月 | 3月 | 4月 | 5月 | 6月 | 7月 | 8月 | 9月 | 10月 | 11月 | 12月 |
|---|---|---|---|---|---|---|---|---|---|---|---|---|
| 1 | 38 | 69 | 97 | 128 | 158 | 189 | 219 | 250 | 21 | 51 | 82 | 112 |
| 2 | 39 | 70 | 98 | 129 | 159 | 190 | 220 | 251 | 22 | 52 | 83 | 113 |
| 3 | 40 | 71 | 99 | 130 | 160 | 191 | 221 | 252 | 23 | 53 | 84 | 114 |
| 4 | 41 | 72 | 100 | 131 | 161 | 192 | 222 | 253 | 24 | 54 | 85 | 115 |
| 5 | 42 | 73 | 101 | 132 | 162 | 193 | 223 | 254 | 25 | 55 | 86 | 116 |
| 6 | 43 | 74 | 102 | 133 | 163 | 194 | 224 | 255 | 26 | 56 | 87 | 117 |
| 7 | 44 | 75 | 103 | 134 | 164 | 195 | 225 | 256 | 27 | 57 | 88 | 118 |
| 8 | 45 | 76 | 104 | 135 | 165 | 196 | 226 | 257 | 28 | 58 | 89 | 119 |
| 9 | 46 | 77 | 105 | 136 | 166 | 197 | 227 | 258 | 29 | 59 | 90 | 120 |
| 10 | 47 | 78 | 106 | 137 | 167 | 198 | 228 | 259 | 30 | 60 | 91 | 121 |
| 11 | 48 | 79 | 107 | 138 | 168 | 199 | 229 | 260 | 31 | 61 | 92 | 122 |
| 12 | 49 | 80 | 108 | 139 | 169 | 200 | 230 | 1 | 32 | 62 | 93 | 123 |
| 13 | 50 | 81 | 109 | 140 | 170 | 201 | 231 | 2 | 33 | 63 | 94 | 124 |
| 14 | 51 | 82 | 110 | 141 | 171 | 202 | 232 | 3 | 34 | 64 | 95 | 125 |
| 15 | 52 | 83 | 111 | 142 | 172 | 203 | 233 | 4 | 35 | 65 | 96 | 126 |
| 16 | 53 | 84 | 112 | 143 | 173 | 204 | 234 | 5 | 36 | 66 | 97 | 127 |
| 17 | 54 | 85 | 113 | 144 | 174 | 205 | 235 | 6 | 37 | 67 | 98 | 128 |
| 18 | 55 | 86 | 114 | 145 | 175 | 206 | 236 | 7 | 38 | 68 | 99 | 129 |
| 19 | 56 | 87 | 115 | 146 | 176 | 207 | 237 | 8 | 39 | 69 | 100 | 130 |
| 20 | 57 | 88 | 116 | 147 | 177 | 208 | 238 | 9 | 40 | 70 | 101 | 131 |
| 21 | 58 | 89 | 117 | 148 | 178 | 209 | 239 | 10 | 41 | 71 | 102 | 132 |
| 22 | 59 | 90 | 118 | 149 | 179 | 210 | 240 | 11 | 42 | 72 | 103 | 133 |
| 23 | 60 | 91 | 119 | 150 | 180 | 211 | 241 | 12 | 43 | 73 | 104 | 134 |
| 24 | 61 | 92 | 120 | 151 | 181 | 212 | 242 | 13 | 44 | 74 | 105 | 135 |
| 25 | 62 | 93 | 121 | 152 | 182 | 213 | 243 | 14 | 45 | 75 | 106 | 136 |
| 26 | 63 | 94 | 122 | 153 | 183 | 214 | 244 | 15 | 46 | 76 | 107 | 137 |
| 27 | 64 | 95 | 123 | 154 | 184 | 215 | 245 | 16 | 47 | 77 | 108 | 138 |
| 28 | 65 | 96 | 124 | 155 | 185 | 216 | 246 | 17 | 48 | 78 | 109 | 139 |
| 29 | 66 | | 125 | 156 | 186 | 217 | 247 | 18 | 49 | 79 | 110 | 140 |
| 30 | 67 | | 126 | 157 | 187 | 218 | 248 | 19 | 50 | 80 | 111 | 141 |
| 31 | 68 | | 127 | | 188 | | 249 | 20 | | 81 | | 142 |

## 1938・1990・2042年

| | 1月 | 2月 | 3月 | 4月 | 5月 | 6月 | 7月 | 8月 | 9月 | 10月 | 11月 | 12月 |
|---|---|---|---|---|---|---|---|---|---|---|---|---|
| 1 | 143 | 174 | 202 | 233 | 3 | 34 | 64 | 95 | 126 | 156 | 187 | 217 |
| 2 | 144 | 175 | 203 | 234 | 4 | 35 | 65 | 96 | 127 | 157 | 188 | 218 |
| 3 | 145 | 176 | 204 | 235 | 5 | 36 | 66 | 97 | 128 | 158 | 189 | 219 |
| 4 | 146 | 177 | 205 | 236 | 6 | 37 | 67 | 98 | 129 | 159 | 190 | 220 |
| 5 | 147 | 178 | 206 | 237 | 7 | 38 | 68 | 99 | 130 | 160 | 191 | 221 |
| 6 | 148 | 179 | 207 | 238 | 8 | 39 | 69 | 100 | 131 | 161 | 192 | 222 |
| 7 | 149 | 180 | 208 | 239 | 9 | 40 | 70 | 101 | 132 | 162 | 193 | 223 |
| 8 | 150 | 181 | 209 | 240 | 10 | 41 | 71 | 102 | 133 | 163 | 194 | 224 |
| 9 | 151 | 182 | 210 | 241 | 11 | 42 | 72 | 103 | 134 | 164 | 195 | 225 |
| 10 | 152 | 183 | 211 | 242 | 12 | 43 | 73 | 104 | 135 | 165 | 196 | 226 |
| 11 | 153 | 184 | 212 | 243 | 13 | 44 | 74 | 105 | 136 | 166 | 197 | 227 |
| 12 | 154 | 185 | 213 | 244 | 14 | 45 | 75 | 106 | 137 | 167 | 198 | 228 |
| 13 | 155 | 186 | 214 | 245 | 15 | 46 | 76 | 107 | 138 | 168 | 199 | 229 |
| 14 | 156 | 187 | 215 | 246 | 16 | 47 | 77 | 108 | 139 | 169 | 200 | 230 |
| 15 | 157 | 188 | 216 | 247 | 17 | 48 | 78 | 109 | 140 | 170 | 201 | 231 |
| 16 | 158 | 189 | 217 | 248 | 18 | 49 | 79 | 110 | 141 | 171 | 202 | 232 |
| 17 | 159 | 190 | 218 | 249 | 19 | 50 | 80 | 111 | 142 | 172 | 203 | 233 |
| 18 | 160 | 191 | 219 | 250 | 20 | 51 | 81 | 112 | 143 | 173 | 204 | 234 |
| 19 | 161 | 192 | 220 | 251 | 21 | 52 | 82 | 113 | 144 | 174 | 205 | 235 |
| 20 | 162 | 193 | 221 | 252 | 22 | 53 | 83 | 114 | 145 | 175 | 206 | 236 |
| 21 | 163 | 194 | 222 | 253 | 23 | 54 | 84 | 115 | 146 | 176 | 207 | 237 |
| 22 | 164 | 195 | 223 | 254 | 24 | 55 | 85 | 116 | 147 | 177 | 208 | 238 |
| 23 | 165 | 196 | 224 | 255 | 25 | 56 | 86 | 117 | 148 | 178 | 209 | 239 |
| 24 | 166 | 197 | 225 | 256 | 26 | 57 | 87 | 118 | 149 | 179 | 210 | 240 |
| 25 | 167 | 198 | 226 | 257 | 27 | 58 | 88 | 119 | 150 | 180 | 211 | 241 |
| 26 | 168 | 199 | 227 | 258 | 28 | 59 | 89 | 120 | 151 | 181 | 212 | 242 |
| 27 | 169 | 200 | 228 | 259 | 29 | 60 | 90 | 121 | 152 | 182 | 213 | 243 |
| 28 | 170 | 201 | 229 | 260 | 30 | 61 | 91 | 122 | 153 | 183 | 214 | 244 |
| 29 | 171 | | 230 | 1 | 31 | 62 | 92 | 123 | 154 | 184 | 215 | 245 |
| 30 | 172 | | 231 | 2 | 32 | 63 | 93 | 124 | 155 | 185 | 216 | 246 |
| 31 | 173 | | 232 | | 33 | | 94 | 125 | | 186 | | 247 |

## 1939・1991・2043年

| | 1月 | 2月 | 3月 | 4月 | 5月 | 6月 | 7月 | 8月 | 9月 | 10月 | 11月 | 12月 |
|---|---|---|---|---|---|---|---|---|---|---|---|---|
| 1 | 248 | 19 | 47 | 78 | 108 | 139 | 169 | 200 | 231 | 1 | 32 | 62 |
| 2 | 249 | 20 | 48 | 79 | 109 | 140 | 170 | 201 | 232 | 2 | 33 | 63 |
| 3 | 250 | 21 | 49 | 80 | 110 | 141 | 171 | 202 | 233 | 3 | 34 | 64 |
| 4 | 251 | 22 | 50 | 81 | 111 | 142 | 172 | 203 | 234 | 4 | 35 | 65 |
| 5 | 252 | 23 | 51 | 82 | 112 | 143 | 173 | 204 | 235 | 5 | 36 | 66 |
| 6 | 253 | 24 | 52 | 83 | 113 | 144 | 174 | 205 | 236 | 6 | 37 | 67 |
| 7 | 254 | 25 | 53 | 84 | 114 | 145 | 175 | 206 | 237 | 7 | 38 | 68 |
| 8 | 255 | 26 | 54 | 85 | 115 | 146 | 176 | 207 | 238 | 8 | 39 | 69 |
| 9 | 256 | 27 | 55 | 86 | 116 | 147 | 177 | 208 | 239 | 9 | 40 | 70 |
| 10 | 257 | 28 | 56 | 87 | 117 | 148 | 178 | 209 | 240 | 10 | 41 | 71 |
| 11 | 258 | 29 | 57 | 88 | 118 | 149 | 179 | 210 | 241 | 11 | 42 | 72 |
| 12 | 259 | 30 | 58 | 89 | 119 | 150 | 180 | 211 | 242 | 12 | 43 | 73 |
| 13 | 260 | 31 | 59 | 90 | 120 | 151 | 181 | 212 | 243 | 13 | 44 | 74 |
| 14 | 1 | 32 | 60 | 91 | 121 | 152 | 182 | 213 | 244 | 14 | 45 | 75 |
| 15 | 2 | 33 | 61 | 92 | 122 | 153 | 183 | 214 | 245 | 15 | 46 | 76 |
| 16 | 3 | 34 | 62 | 93 | 123 | 154 | 184 | 215 | 246 | 16 | 47 | 77 |
| 17 | 4 | 35 | 63 | 94 | 124 | 155 | 185 | 216 | 247 | 17 | 48 | 78 |
| 18 | 5 | 36 | 64 | 95 | 125 | 156 | 186 | 217 | 248 | 18 | 49 | 79 |
| 19 | 6 | 37 | 65 | 96 | 126 | 157 | 187 | 218 | 249 | 19 | 50 | 80 |
| 20 | 7 | 38 | 66 | 97 | 127 | 158 | 188 | 219 | 250 | 20 | 51 | 81 |
| 21 | 8 | 39 | 67 | 98 | 128 | 159 | 189 | 220 | 251 | 21 | 52 | 82 |
| 22 | 9 | 40 | 68 | 99 | 129 | 160 | 190 | 221 | 252 | 22 | 53 | 83 |
| 23 | 10 | 41 | 69 | 100 | 130 | 161 | 191 | 222 | 253 | 23 | 54 | 84 |
| 24 | 11 | 42 | 70 | 101 | 131 | 162 | 192 | 223 | 254 | 24 | 55 | 85 |
| 25 | 12 | 43 | 71 | 102 | 132 | 163 | 193 | 224 | 255 | 25 | 56 | 86 |
| 26 | 13 | 44 | 72 | 103 | 133 | 164 | 194 | 225 | 256 | 26 | 57 | 87 |
| 27 | 14 | 45 | 73 | 104 | 134 | 165 | 195 | 226 | 257 | 27 | 58 | 88 |
| 28 | 15 | 46 | 74 | 105 | 135 | 166 | 196 | 227 | 258 | 28 | 59 | 89 |
| 29 | 16 | | 75 | 106 | 136 | 167 | 197 | 228 | 259 | 29 | 60 | 90 |
| 30 | 17 | | 76 | 107 | 137 | 168 | 198 | 229 | 260 | 30 | 61 | 91 |
| 31 | 18 | | 77 | | 138 | | 199 | 230 | | 31 | | 92 |

## 1940・1992・2044年

| | 1月 | 2月 | 3月 | 4月 | 5月 | 6月 | 7月 | 8月 | 9月 | 10月 | 11月 | 12月 |
|---|---|---|---|---|---|---|---|---|---|---|---|---|
| 1 | 93 | 124 | 153 | 183 | 213 | 244 | 14 | 45 | 76 | 106 | 137 | 167 |
| 2 | 94 | 125 | 154 | 184 | 214 | 245 | 15 | 46 | 77 | 107 | 138 | 168 |
| 3 | 95 | 126 | 155 | 185 | 215 | 246 | 16 | 47 | 78 | 108 | 139 | 169 |
| 4 | 96 | 127 | 156 | 186 | 216 | 247 | 17 | 48 | 79 | 109 | 140 | 170 |
| 5 | 97 | 128 | 157 | 187 | 217 | 248 | 18 | 49 | 80 | 110 | 141 | 171 |
| 6 | 98 | 129 | 158 | 188 | 218 | 249 | 19 | 50 | 81 | 111 | 142 | 172 |
| 7 | 99 | 130 | 159 | 189 | 219 | 250 | 20 | 51 | 82 | 112 | 143 | 173 |
| 8 | 100 | 131 | 160 | 190 | 220 | 251 | 21 | 52 | 83 | 113 | 144 | 174 |
| 9 | 101 | 132 | 161 | 191 | 221 | 252 | 22 | 53 | 84 | 114 | 145 | 175 |
| 10 | 102 | 133 | 162 | 192 | 222 | 253 | 23 | 54 | 85 | 115 | 146 | 176 |
| 11 | 103 | 134 | 163 | 193 | 223 | 254 | 24 | 55 | 86 | 116 | 147 | 177 |
| 12 | 104 | 135 | 164 | 194 | 224 | 255 | 25 | 56 | 87 | 117 | 148 | 178 |
| 13 | 105 | 136 | 165 | 195 | 225 | 256 | 26 | 57 | 88 | 118 | 149 | 179 |
| 14 | 106 | 137 | 166 | 196 | 226 | 257 | 27 | 58 | 89 | 119 | 150 | 180 |
| 15 | 107 | 138 | 167 | 197 | 227 | 258 | 28 | 59 | 90 | 120 | 151 | 181 |
| 16 | 108 | 139 | 168 | 198 | 228 | 259 | 29 | 60 | 91 | 121 | 152 | 182 |
| 17 | 109 | 140 | 169 | 199 | 229 | 260 | 30 | 61 | 92 | 122 | 153 | 183 |
| 18 | 110 | 141 | 170 | 200 | 230 | 1 | 31 | 62 | 93 | 123 | 154 | 184 |
| 19 | 111 | 142 | 171 | 201 | 231 | 2 | 32 | 63 | 94 | 124 | 155 | 185 |
| 20 | 112 | 143 | 172 | 202 | 232 | 3 | 33 | 64 | 95 | 125 | 156 | 186 |
| 21 | 113 | 144 | 173 | 203 | 233 | 4 | 34 | 65 | 96 | 126 | 157 | 187 |
| 22 | 114 | 145 | 174 | 204 | 234 | 5 | 35 | 66 | 97 | 127 | 158 | 188 |
| 23 | 115 | 146 | 175 | 205 | 235 | 6 | 36 | 67 | 98 | 128 | 159 | 189 |
| 24 | 116 | 147 | 176 | 206 | 236 | 7 | 37 | 68 | 99 | 129 | 160 | 190 |
| 25 | 117 | 148 | 177 | 207 | 237 | 8 | 38 | 69 | 100 | 130 | 161 | 191 |
| 26 | 118 | 149 | 178 | 208 | 238 | 9 | 39 | 70 | 101 | 131 | 162 | 192 |
| 27 | 119 | 150 | 179 | 209 | 239 | 10 | 40 | 71 | 102 | 132 | 163 | 193 |
| 28 | 120 | 151 | 180 | 210 | 240 | 11 | 41 | 72 | 103 | 133 | 164 | 194 |
| 29 | 121 | 152 | 181 | 211 | 241 | 12 | 42 | 73 | 104 | 134 | 165 | 195 |
| 30 | 122 | | 182 | 212 | 242 | 13 | 43 | 74 | 105 | 135 | 166 | 196 |
| 31 | 123 | | 183 | | 243 | | 44 | 75 | | 136 | | 197 |

## 1941・1993・2045年

| | 1月 | 2月 | 3月 | 4月 | 5月 | 6月 | 7月 | 8月 | 9月 | 10月 | 11月 | 12月 |
|---|---|---|---|---|---|---|---|---|---|---|---|---|
| 1 | 198 | 229 | 257 | 28 | 58 | 89 | 119 | 150 | 181 | 211 | 242 | 12 |
| 2 | 199 | 230 | 258 | 29 | 59 | 90 | 120 | 151 | 182 | 212 | 243 | 13 |
| 3 | 200 | 231 | 259 | 30 | 60 | 91 | 121 | 152 | 183 | 213 | 244 | 14 |
| 4 | 201 | 232 | 260 | 31 | 61 | 92 | 122 | 153 | 184 | 214 | 245 | 15 |
| 5 | 202 | 233 | 1 | 32 | 62 | 93 | 123 | 154 | 185 | 215 | 246 | 16 |
| 6 | 203 | 234 | 2 | 33 | 63 | 94 | 124 | 155 | 186 | 216 | 247 | 17 |
| 7 | 204 | 235 | 3 | 34 | 64 | 95 | 125 | 156 | 187 | 217 | 248 | 18 |
| 8 | 205 | 236 | 4 | 35 | 65 | 96 | 126 | 157 | 188 | 218 | 249 | 19 |
| 9 | 206 | 237 | 5 | 36 | 66 | 97 | 127 | 158 | 189 | 219 | 250 | 20 |
| 10 | 207 | 238 | 6 | 37 | 67 | 98 | 128 | 159 | 190 | 220 | 251 | 21 |
| 11 | 208 | 239 | 7 | 38 | 68 | 99 | 129 | 160 | 191 | 221 | 252 | 22 |
| 12 | 209 | 240 | 8 | 39 | 69 | 100 | 130 | 161 | 192 | 222 | 253 | 23 |
| 13 | 210 | 241 | 9 | 40 | 70 | 101 | 131 | 162 | 193 | 223 | 254 | 24 |
| 14 | 211 | 242 | 10 | 41 | 71 | 102 | 132 | 163 | 194 | 224 | 255 | 25 |
| 15 | 212 | 243 | 11 | 42 | 72 | 103 | 133 | 164 | 195 | 225 | 256 | 26 |
| 16 | 213 | 244 | 12 | 43 | 73 | 104 | 134 | 165 | 196 | 226 | 257 | 27 |
| 17 | 214 | 245 | 13 | 44 | 74 | 105 | 135 | 166 | 197 | 227 | 258 | 28 |
| 18 | 215 | 246 | 14 | 45 | 75 | 106 | 136 | 167 | 198 | 228 | 259 | 29 |
| 19 | 216 | 247 | 15 | 46 | 76 | 107 | 137 | 168 | 199 | 229 | 260 | 30 |
| 20 | 217 | 248 | 16 | 47 | 77 | 108 | 138 | 169 | 200 | 230 | 1 | 31 |
| 21 | 218 | 249 | 17 | 48 | 78 | 109 | 139 | 170 | 201 | 231 | 2 | 32 |
| 22 | 219 | 250 | 18 | 49 | 79 | 110 | 140 | 171 | 202 | 232 | 3 | 33 |
| 23 | 220 | 251 | 19 | 50 | 80 | 111 | 141 | 172 | 203 | 233 | 4 | 34 |
| 24 | 221 | 252 | 20 | 51 | 81 | 112 | 142 | 173 | 204 | 234 | 5 | 35 |
| 25 | 222 | 253 | 21 | 52 | 82 | 113 | 143 | 174 | 205 | 235 | 6 | 36 |
| 26 | 223 | 254 | 22 | 53 | 83 | 114 | 144 | 175 | 206 | 236 | 7 | 37 |
| 27 | 224 | 255 | 23 | 54 | 84 | 115 | 145 | 176 | 207 | 237 | 8 | 38 |
| 28 | 225 | 256 | 24 | 55 | 85 | 116 | 146 | 177 | 208 | 238 | 9 | 39 |
| 29 | 226 | | 25 | 56 | 86 | 117 | 147 | 178 | 209 | 239 | 10 | 40 |
| 30 | 227 | | 26 | 57 | 87 | 118 | 148 | 179 | 210 | 240 | 11 | 41 |
| 31 | 228 | | 27 | | 88 | | 149 | 180 | | 241 | | 42 |

## 1942・1994・2046年

| | 1月 | 2月 | 3月 | 4月 | 5月 | 6月 | 7月 | 8月 | 9月 | 10月 | 11月 | 12月 |
|---|---|---|---|---|---|---|---|---|---|---|---|---|
| 1 | 43 | 74 | 102 | 133 | 163 | 194 | 224 | 255 | 26 | 56 | 87 | 117 |
| 2 | 44 | 75 | 103 | 134 | 164 | 195 | 225 | 256 | 27 | 57 | 88 | 118 |
| 3 | 45 | 76 | 104 | 135 | 165 | 196 | 226 | 257 | 28 | 58 | 89 | 119 |
| 4 | 46 | 77 | 105 | 136 | 166 | 197 | 227 | 258 | 29 | 59 | 90 | 120 |
| 5 | 47 | 78 | 106 | 137 | 167 | 198 | 228 | 259 | 30 | 60 | 91 | 121 |
| 6 | 48 | 79 | 107 | 138 | 168 | 199 | 229 | 260 | 31 | 61 | 92 | 122 |
| 7 | 49 | 80 | 108 | 139 | 169 | 200 | 230 | 1 | 32 | 62 | 93 | 123 |
| 8 | 50 | 81 | 109 | 140 | 170 | 201 | 231 | 2 | 33 | 63 | 94 | 124 |
| 9 | 51 | 82 | 110 | 141 | 171 | 202 | 232 | 3 | 34 | 64 | 95 | 125 |
| 10 | 52 | 83 | 111 | 142 | 172 | 203 | 233 | 4 | 35 | 65 | 96 | 126 |
| 11 | 53 | 84 | 112 | 143 | 173 | 204 | 234 | 5 | 36 | 66 | 97 | 127 |
| 12 | 54 | 85 | 113 | 144 | 174 | 205 | 235 | 6 | 37 | 67 | 98 | 128 |
| 13 | 55 | 86 | 114 | 145 | 175 | 206 | 236 | 7 | 38 | 68 | 99 | 129 |
| 14 | 56 | 87 | 115 | 146 | 176 | 207 | 237 | 8 | 39 | 69 | 100 | 130 |
| 15 | 57 | 88 | 116 | 147 | 177 | 208 | 238 | 9 | 40 | 70 | 101 | 131 |
| 16 | 58 | 89 | 117 | 148 | 178 | 209 | 239 | 10 | 41 | 71 | 102 | 132 |
| 17 | 59 | 90 | 118 | 149 | 179 | 210 | 240 | 11 | 42 | 72 | 103 | 133 |
| 18 | 60 | 91 | 119 | 150 | 180 | 211 | 241 | 12 | 43 | 73 | 104 | 134 |
| 19 | 61 | 92 | 120 | 151 | 181 | 212 | 242 | 13 | 44 | 74 | 105 | 135 |
| 20 | 62 | 93 | 121 | 152 | 182 | 213 | 243 | 14 | 45 | 75 | 106 | 136 |
| 21 | 63 | 94 | 122 | 153 | 183 | 214 | 244 | 15 | 46 | 76 | 107 | 137 |
| 22 | 64 | 95 | 123 | 154 | 184 | 215 | 245 | 16 | 47 | 77 | 108 | 138 |
| 23 | 65 | 96 | 124 | 155 | 185 | 216 | 246 | 17 | 48 | 78 | 109 | 139 |
| 24 | 66 | 97 | 125 | 156 | 186 | 217 | 247 | 18 | 49 | 79 | 110 | 140 |
| 25 | 67 | 98 | 126 | 157 | 187 | 218 | 248 | 19 | 50 | 80 | 111 | 141 |
| 26 | 68 | 99 | 127 | 158 | 188 | 219 | 249 | 20 | 51 | 81 | 112 | 142 |
| 27 | 69 | 100 | 128 | 159 | 189 | 220 | 250 | 21 | 52 | 82 | 113 | 143 |
| 28 | 70 | 101 | 129 | 160 | 190 | 221 | 251 | 22 | 53 | 83 | 114 | 144 |
| 29 | 71 | | 130 | 161 | 191 | 222 | 252 | 23 | 54 | 84 | 115 | 145 |
| 30 | 72 | | 131 | 162 | 192 | 223 | 253 | 24 | 55 | 85 | 116 | 146 |
| 31 | 73 | | 132 | | 193 | | 254 | 25 | | 86 | | 147 |

## 1943・1995・2047年

| | 1月 | 2月 | 3月 | 4月 | 5月 | 6月 | 7月 | 8月 | 9月 | 10月 | 11月 | 12月 |
|---|---|---|---|---|---|---|---|---|---|---|---|---|
| 1 | 148 | 179 | 207 | 238 | 8 | 39 | 69 | 100 | 131 | 161 | 192 | 222 |
| 2 | 149 | 180 | 208 | 239 | 9 | 40 | 70 | 101 | 132 | 162 | 193 | 223 |
| 3 | 150 | 181 | 209 | 240 | 10 | 41 | 71 | 102 | 133 | 163 | 194 | 224 |
| 4 | 151 | 182 | 210 | 241 | 11 | 42 | 72 | 103 | 134 | 164 | 195 | 225 |
| 5 | 152 | 183 | 211 | 242 | 12 | 43 | 73 | 104 | 135 | 165 | 196 | 226 |
| 6 | 153 | 184 | 212 | 243 | 13 | 44 | 74 | 105 | 136 | 166 | 197 | 227 |
| 7 | 154 | 185 | 213 | 244 | 14 | 45 | 75 | 106 | 137 | 167 | 198 | 228 |
| 8 | 155 | 186 | 214 | 245 | 15 | 46 | 76 | 107 | 138 | 168 | 199 | 229 |
| 9 | 156 | 187 | 215 | 246 | 16 | 47 | 77 | 108 | 139 | 169 | 200 | 230 |
| 10 | 157 | 188 | 216 | 247 | 17 | 48 | 78 | 109 | 140 | 170 | 201 | 231 |
| 11 | 158 | 189 | 217 | 248 | 18 | 49 | 79 | 110 | 141 | 171 | 202 | 232 |
| 12 | 159 | 190 | 218 | 249 | 19 | 50 | 80 | 111 | 142 | 172 | 203 | 233 |
| 13 | 160 | 191 | 219 | 250 | 20 | 51 | 81 | 112 | 143 | 173 | 204 | 234 |
| 14 | 161 | 192 | 220 | 251 | 21 | 52 | 82 | 113 | 144 | 174 | 205 | 235 |
| 15 | 162 | 193 | 221 | 252 | 22 | 53 | 83 | 114 | 145 | 175 | 206 | 236 |
| 16 | 163 | 194 | 222 | 253 | 23 | 54 | 84 | 115 | 146 | 176 | 207 | 237 |
| 17 | 164 | 195 | 223 | 254 | 24 | 55 | 85 | 116 | 147 | 177 | 208 | 238 |
| 18 | 165 | 196 | 224 | 255 | 25 | 56 | 86 | 117 | 148 | 178 | 209 | 239 |
| 19 | 166 | 197 | 225 | 256 | 26 | 57 | 87 | 118 | 149 | 179 | 210 | 240 |
| 20 | 167 | 198 | 226 | 257 | 27 | 58 | 88 | 119 | 150 | 180 | 211 | 241 |
| 21 | 168 | 199 | 227 | 258 | 28 | 59 | 89 | 120 | 151 | 181 | 212 | 242 |
| 22 | 169 | 200 | 228 | 259 | 29 | 60 | 90 | 121 | 152 | 182 | 213 | 243 |
| 23 | 170 | 201 | 229 | 260 | 30 | 61 | 91 | 122 | 153 | 183 | 214 | 244 |
| 24 | 171 | 202 | 230 | 1 | 31 | 62 | 92 | 123 | 154 | 184 | 215 | 245 |
| 25 | 172 | 203 | 231 | 2 | 32 | 63 | 93 | 124 | 155 | 185 | 216 | 246 |
| 26 | 173 | 204 | 232 | 3 | 33 | 64 | 94 | 125 | 156 | 186 | 217 | 247 |
| 27 | 174 | 205 | 233 | 4 | 34 | 65 | 95 | 126 | 157 | 187 | 218 | 248 |
| 28 | 175 | 206 | 234 | 5 | 35 | 66 | 96 | 127 | 158 | 188 | 219 | 249 |
| 29 | 176 | | 235 | 6 | 36 | 67 | 97 | 128 | 159 | 189 | 220 | 250 |
| 30 | 177 | | 236 | 7 | 37 | 68 | 98 | 129 | 160 | 190 | 221 | 251 |
| 31 | 178 | | 237 | | 38 | | 99 | 130 | | 191 | | 252 |

## 1944・1996・2048年

| | 1月 | 2月 | 3月 | 4月 | 5月 | 6月 | 7月 | 8月 | 9月 | 10月 | 11月 | 12月 |
|---|---|---|---|---|---|---|---|---|---|---|---|---|
| 1 | 253 | 24 | 53 | 83 | 113 | 144 | 174 | 205 | 236 | 6 | 37 | 67 |
| 2 | 254 | 25 | 54 | 84 | 114 | 145 | 175 | 206 | 237 | 7 | 38 | 68 |
| 3 | 255 | 26 | 55 | 85 | 115 | 146 | 176 | 207 | 238 | 8 | 39 | 69 |
| 4 | 256 | 27 | 56 | 86 | 116 | 147 | 177 | 208 | 239 | 9 | 40 | 70 |
| 5 | 257 | 28 | 57 | 87 | 117 | 148 | 178 | 209 | 240 | 10 | 41 | 71 |
| 6 | 258 | 29 | 58 | 88 | 118 | 149 | 179 | 210 | 241 | 11 | 42 | 72 |
| 7 | 259 | 30 | 59 | 89 | 119 | 150 | 180 | 211 | 242 | 12 | 43 | 73 |
| 8 | 260 | 31 | 60 | 90 | 120 | 151 | 181 | 212 | 243 | 13 | 44 | 74 |
| 9 | 1 | 32 | 61 | 91 | 121 | 152 | 182 | 213 | 244 | 14 | 45 | 75 |
| 10 | 2 | 33 | 62 | 92 | 122 | 153 | 183 | 214 | 245 | 15 | 46 | 76 |
| 11 | 3 | 34 | 63 | 93 | 123 | 154 | 184 | 215 | 246 | 16 | 47 | 77 |
| 12 | 4 | 35 | 64 | 94 | 124 | 155 | 185 | 216 | 247 | 17 | 48 | 78 |
| 13 | 5 | 36 | 65 | 95 | 125 | 156 | 186 | 217 | 248 | 18 | 49 | 79 |
| 14 | 6 | 37 | 66 | 96 | 126 | 157 | 187 | 218 | 249 | 19 | 50 | 80 |
| 15 | 7 | 38 | 67 | 97 | 127 | 158 | 188 | 219 | 250 | 20 | 51 | 81 |
| 16 | 8 | 39 | 68 | 98 | 128 | 159 | 189 | 220 | 251 | 21 | 52 | 82 |
| 17 | 9 | 40 | 69 | 99 | 129 | 160 | 190 | 221 | 252 | 22 | 53 | 83 |
| 18 | 10 | 41 | 70 | 100 | 130 | 161 | 191 | 222 | 253 | 23 | 54 | 84 |
| 19 | 11 | 42 | 71 | 101 | 131 | 162 | 192 | 223 | 254 | 24 | 55 | 85 |
| 20 | 12 | 43 | 72 | 102 | 132 | 163 | 193 | 224 | 255 | 25 | 56 | 86 |
| 21 | 13 | 44 | 73 | 103 | 133 | 164 | 194 | 225 | 256 | 26 | 57 | 87 |
| 22 | 14 | 45 | 74 | 104 | 134 | 165 | 195 | 226 | 257 | 27 | 58 | 88 |
| 23 | 15 | 46 | 75 | 105 | 135 | 166 | 196 | 227 | 258 | 28 | 59 | 89 |
| 24 | 16 | 47 | 76 | 106 | 136 | 167 | 197 | 228 | 259 | 29 | 60 | 90 |
| 25 | 17 | 48 | 77 | 107 | 137 | 168 | 198 | 229 | 260 | 30 | 61 | 91 |
| 26 | 18 | 49 | 78 | 108 | 138 | 169 | 199 | 230 | 1 | 31 | 62 | 92 |
| 27 | 19 | 50 | 79 | 109 | 139 | 170 | 200 | 231 | 2 | 32 | 63 | 93 |
| 28 | 20 | 51 | 80 | 110 | 140 | 171 | 201 | 232 | 3 | 33 | 64 | 94 |
| 29 | 21 | 52 | 81 | 111 | 141 | 172 | 202 | 233 | 4 | 34 | 65 | 95 |
| 30 | 22 | | 82 | 112 | 142 | 173 | 203 | 234 | 5 | 35 | 66 | 96 |
| 31 | 23 | | 83 | | 143 | | 204 | 235 | | 36 | | 97 |

## 1945・1997・2049年

| | 1月 | 2月 | 3月 | 4月 | 5月 | 6月 | 7月 | 8月 | 9月 | 10月 | 11月 | 12月 |
|---|---|---|---|---|---|---|---|---|---|---|---|---|
| 1 | 98 | 129 | 157 | 188 | 218 | 249 | 19 | 50 | 81 | 111 | 142 | 172 |
| 2 | 99 | 130 | 158 | 189 | 219 | 250 | 20 | 51 | 82 | 112 | 143 | 173 |
| 3 | 100 | 131 | 159 | 190 | 220 | 251 | 21 | 52 | 83 | 113 | 144 | 174 |
| 4 | 101 | 132 | 160 | 191 | 221 | 252 | 22 | 53 | 84 | 114 | 145 | 175 |
| 5 | 102 | 133 | 161 | 192 | 222 | 253 | 23 | 54 | 85 | 115 | 146 | 176 |
| 6 | 103 | 134 | 162 | 193 | 223 | 254 | 24 | 55 | 86 | 116 | 147 | 177 |
| 7 | 104 | 135 | 163 | 194 | 224 | 255 | 25 | 56 | 87 | 117 | 148 | 178 |
| 8 | 105 | 136 | 164 | 195 | 225 | 256 | 26 | 57 | 88 | 118 | 149 | 179 |
| 9 | 106 | 137 | 165 | 196 | 226 | 257 | 27 | 58 | 89 | 119 | 150 | 180 |
| 10 | 107 | 138 | 166 | 197 | 227 | 258 | 28 | 59 | 90 | 120 | 151 | 181 |
| 11 | 108 | 139 | 167 | 198 | 228 | 259 | 29 | 60 | 91 | 121 | 152 | 182 |
| 12 | 109 | 140 | 168 | 199 | 229 | 260 | 30 | 61 | 92 | 122 | 153 | 183 |
| 13 | 110 | 141 | 169 | 200 | 230 | 1 | 31 | 62 | 93 | 123 | 154 | 184 |
| 14 | 111 | 142 | 170 | 201 | 231 | 2 | 32 | 63 | 94 | 124 | 155 | 185 |
| 15 | 112 | 143 | 171 | 202 | 232 | 3 | 33 | 64 | 95 | 125 | 156 | 186 |
| 16 | 113 | 144 | 172 | 203 | 233 | 4 | 34 | 65 | 96 | 126 | 157 | 187 |
| 17 | 114 | 145 | 173 | 204 | 234 | 5 | 35 | 66 | 97 | 127 | 158 | 188 |
| 18 | 115 | 146 | 174 | 205 | 235 | 6 | 36 | 67 | 98 | 128 | 159 | 189 |
| 19 | 116 | 147 | 175 | 206 | 236 | 7 | 37 | 68 | 99 | 129 | 160 | 190 |
| 20 | 117 | 148 | 176 | 207 | 237 | 8 | 38 | 69 | 100 | 130 | 161 | 191 |
| 21 | 118 | 149 | 177 | 208 | 238 | 9 | 39 | 70 | 101 | 131 | 162 | 192 |
| 22 | 119 | 150 | 178 | 209 | 239 | 10 | 40 | 71 | 102 | 132 | 163 | 193 |
| 23 | 120 | 151 | 179 | 210 | 240 | 11 | 41 | 72 | 103 | 133 | 164 | 194 |
| 24 | 121 | 152 | 180 | 211 | 241 | 12 | 42 | 73 | 104 | 134 | 165 | 195 |
| 25 | 122 | 153 | 181 | 212 | 242 | 13 | 43 | 74 | 105 | 135 | 166 | 196 |
| 26 | 123 | 154 | 182 | 213 | 243 | 14 | 44 | 75 | 106 | 136 | 167 | 197 |
| 27 | 124 | 155 | 183 | 214 | 244 | 15 | 45 | 76 | 107 | 137 | 168 | 198 |
| 28 | 125 | 156 | 184 | 215 | 245 | 16 | 46 | 77 | 108 | 138 | 169 | 199 |
| 29 | 126 | | 185 | 216 | 246 | 17 | 47 | 78 | 109 | 139 | 170 | 200 |
| 30 | 127 | | 186 | 217 | 247 | 18 | 48 | 79 | 110 | 140 | 171 | 201 |
| 31 | 128 | | 187 | | 248 | | 49 | 80 | | 141 | | 202 |

## 1946・1998・2050年

| | 1月 | 2月 | 3月 | 4月 | 5月 | 6月 | 7月 | 8月 | 9月 | 10月 | 11月 | 12月 |
|---|---|---|---|---|---|---|---|---|---|---|---|---|
| 1 | 203 | 234 | 2 | 33 | 63 | 94 | 124 | 155 | 186 | 216 | 247 | 17 |
| 2 | 204 | 235 | 3 | 34 | 64 | 95 | 125 | 156 | 187 | 217 | 248 | 18 |
| 3 | 205 | 236 | 4 | 35 | 65 | 96 | 126 | 157 | 188 | 218 | 249 | 19 |
| 4 | 206 | 237 | 5 | 36 | 66 | 97 | 127 | 158 | 189 | 219 | 250 | 20 |
| 5 | 207 | 238 | 6 | 37 | 67 | 98 | 128 | 159 | 190 | 220 | 251 | 21 |
| 6 | 208 | 239 | 7 | 38 | 68 | 99 | 129 | 160 | 191 | 221 | 252 | 22 |
| 7 | 209 | 240 | 8 | 39 | 69 | 100 | 130 | 161 | 192 | 222 | 253 | 23 |
| 8 | 210 | 241 | 9 | 40 | 70 | 101 | 131 | 162 | 193 | 223 | 254 | 24 |
| 9 | 211 | 242 | 10 | 41 | 71 | 102 | 132 | 163 | 194 | 224 | 255 | 25 |
| 10 | 212 | 243 | 11 | 42 | 72 | 103 | 133 | 164 | 195 | 225 | 256 | 26 |
| 11 | 213 | 244 | 12 | 43 | 73 | 104 | 134 | 165 | 196 | 226 | 257 | 27 |
| 12 | 214 | 245 | 13 | 44 | 74 | 105 | 135 | 166 | 197 | 227 | 258 | 28 |
| 13 | 215 | 246 | 14 | 45 | 75 | 106 | 136 | 167 | 198 | 228 | 259 | 29 |
| 14 | 216 | 247 | 15 | 46 | 76 | 107 | 137 | 168 | 199 | 229 | 260 | 30 |
| 15 | 217 | 248 | 16 | 47 | 77 | 108 | 138 | 169 | 200 | 230 | 1 | 31 |
| 16 | 218 | 249 | 17 | 48 | 78 | 109 | 139 | 170 | 201 | 231 | 2 | 32 |
| 17 | 219 | 250 | 18 | 49 | 79 | 110 | 140 | 171 | 202 | 232 | 3 | 33 |
| 18 | 220 | 251 | 19 | 50 | 80 | 111 | 141 | 172 | 203 | 233 | 4 | 34 |
| 19 | 221 | 252 | 20 | 51 | 81 | 112 | 142 | 173 | 204 | 234 | 5 | 35 |
| 20 | 222 | 253 | 21 | 52 | 82 | 113 | 143 | 174 | 205 | 235 | 6 | 36 |
| 21 | 223 | 254 | 22 | 53 | 83 | 114 | 144 | 175 | 206 | 236 | 7 | 37 |
| 22 | 224 | 255 | 23 | 54 | 84 | 115 | 145 | 176 | 207 | 237 | 8 | 38 |
| 23 | 225 | 256 | 24 | 55 | 85 | 116 | 146 | 177 | 208 | 238 | 9 | 39 |
| 24 | 226 | 257 | 25 | 56 | 86 | 117 | 147 | 178 | 209 | 239 | 10 | 40 |
| 25 | 227 | 258 | 26 | 57 | 87 | 118 | 148 | 179 | 210 | 240 | 11 | 41 |
| 26 | 228 | 259 | 27 | 58 | 88 | 119 | 149 | 180 | 211 | 241 | 12 | 42 |
| 27 | 229 | 260 | 28 | 59 | 89 | 120 | 150 | 181 | 212 | 242 | 13 | 43 |
| 28 | 230 | 1 | 29 | 60 | 90 | 121 | 151 | 182 | 213 | 243 | 14 | 44 |
| 29 | 231 | | 30 | 61 | 91 | 122 | 152 | 183 | 214 | 244 | 15 | 45 |
| 30 | 232 | | 31 | 62 | 92 | 123 | 153 | 184 | 215 | 245 | 16 | 46 |
| 31 | 233 | | 32 | | 93 | | 154 | 185 | | 246 | | 47 |

## 1947・1999年

| | 1月 | 2月 | 3月 | 4月 | 5月 | 6月 | 7月 | 8月 | 9月 | 10月 | 11月 | 12月 |
|---|---|---|---|---|---|---|---|---|---|---|---|---|
| 1 | 48 | 79 | 107 | 138 | 168 | 199 | 229 | 260 | 31 | 61 | 92 | 122 |
| 2 | 49 | 80 | 108 | 139 | 169 | 200 | 230 | 1 | 32 | 62 | 93 | 123 |
| 3 | 50 | 81 | 109 | 140 | 170 | 201 | 231 | 2 | 33 | 63 | 94 | 124 |
| 4 | 51 | 82 | 110 | 141 | 171 | 202 | 232 | 3 | 34 | 64 | 95 | 125 |
| 5 | 52 | 83 | 111 | 142 | 172 | 203 | 233 | 4 | 35 | 65 | 96 | 126 |
| 6 | 53 | 84 | 112 | 143 | 173 | 204 | 234 | 5 | 36 | 66 | 97 | 127 |
| 7 | 54 | 85 | 113 | 144 | 174 | 205 | 235 | 6 | 37 | 67 | 98 | 128 |
| 8 | 55 | 86 | 114 | 145 | 175 | 206 | 236 | 7 | 38 | 68 | 99 | 129 |
| 9 | 56 | 87 | 115 | 146 | 176 | 207 | 237 | 8 | 39 | 69 | 100 | 130 |
| 10 | 57 | 88 | 116 | 147 | 177 | 208 | 238 | 9 | 40 | 70 | 101 | 131 |
| 11 | 58 | 89 | 117 | 148 | 178 | 209 | 239 | 10 | 41 | 71 | 102 | 132 |
| 12 | 59 | 90 | 118 | 149 | 179 | 210 | 240 | 11 | 42 | 72 | 103 | 133 |
| 13 | 60 | 91 | 119 | 150 | 180 | 211 | 241 | 12 | 43 | 73 | 104 | 134 |
| 14 | 61 | 92 | 120 | 151 | 181 | 212 | 242 | 13 | 44 | 74 | 105 | 135 |
| 15 | 62 | 93 | 121 | 152 | 182 | 213 | 243 | 14 | 45 | 75 | 106 | 136 |
| 16 | 63 | 94 | 122 | 153 | 183 | 214 | 244 | 15 | 46 | 76 | 107 | 137 |
| 17 | 64 | 95 | 123 | 154 | 184 | 215 | 245 | 16 | 47 | 77 | 108 | 138 |
| 18 | 65 | 96 | 124 | 155 | 185 | 216 | 246 | 17 | 48 | 78 | 109 | 139 |
| 19 | 66 | 97 | 125 | 156 | 186 | 217 | 247 | 18 | 49 | 79 | 110 | 140 |
| 20 | 67 | 98 | 126 | 157 | 187 | 218 | 248 | 19 | 50 | 80 | 111 | 141 |
| 21 | 68 | 99 | 127 | 158 | 188 | 219 | 249 | 20 | 51 | 81 | 112 | 142 |
| 22 | 69 | 100 | 128 | 159 | 189 | 220 | 250 | 21 | 52 | 82 | 113 | 143 |
| 23 | 70 | 101 | 129 | 160 | 190 | 221 | 251 | 22 | 53 | 83 | 114 | 144 |
| 24 | 71 | 102 | 130 | 161 | 191 | 222 | 252 | 23 | 54 | 84 | 115 | 145 |
| 25 | 72 | 103 | 131 | 162 | 192 | 223 | 253 | 24 | 55 | 85 | 116 | 146 |
| 26 | 73 | 104 | 132 | 163 | 193 | 224 | 254 | 25 | 56 | 86 | 117 | 147 |
| 27 | 74 | 105 | 133 | 164 | 194 | 225 | 255 | 26 | 57 | 87 | 118 | 148 |
| 28 | 75 | 106 | 134 | 165 | 195 | 226 | 256 | 27 | 58 | 88 | 119 | 149 |
| 29 | 76 | | 135 | 166 | 196 | 227 | 257 | 28 | 59 | 89 | 120 | 150 |
| 30 | 77 | | 136 | 167 | 197 | 228 | 258 | 29 | 60 | 90 | 121 | 151 |
| 31 | 78 | | 137 | | 198 | | 259 | 30 | | 91 | | 152 |

## 1948・2000年

| | 1月 | 2月 | 3月 | 4月 | 5月 | 6月 | 7月 | 8月 | 9月 | 10月 | 11月 | 12月 |
|---|---|---|---|---|---|---|---|---|---|---|---|---|
| 1 | 153 | 184 | 213 | 243 | 13 | 44 | 74 | 105 | 136 | 166 | 197 | 227 |
| 2 | 154 | 185 | 214 | 244 | 14 | 45 | 75 | 106 | 137 | 167 | 198 | 228 |
| 3 | 155 | 186 | 215 | 245 | 15 | 46 | 76 | 107 | 138 | 168 | 199 | 229 |
| 4 | 156 | 187 | 216 | 246 | 16 | 47 | 77 | 108 | 139 | 169 | 200 | 230 |
| 5 | 157 | 188 | 217 | 247 | 17 | 48 | 78 | 109 | 140 | 170 | 201 | 231 |
| 6 | 158 | 189 | 218 | 248 | 18 | 49 | 79 | 110 | 141 | 171 | 202 | 232 |
| 7 | 159 | 190 | 219 | 249 | 19 | 50 | 80 | 111 | 142 | 172 | 203 | 233 |
| 8 | 160 | 191 | 220 | 250 | 20 | 51 | 81 | 112 | 143 | 173 | 204 | 234 |
| 9 | 161 | 192 | 221 | 251 | 21 | 52 | 82 | 113 | 144 | 174 | 205 | 235 |
| 10 | 162 | 193 | 222 | 252 | 22 | 53 | 83 | 114 | 145 | 175 | 206 | 236 |
| 11 | 163 | 194 | 223 | 253 | 23 | 54 | 84 | 115 | 146 | 176 | 207 | 237 |
| 12 | 164 | 195 | 224 | 254 | 24 | 55 | 85 | 116 | 147 | 177 | 208 | 238 |
| 13 | 165 | 196 | 225 | 255 | 25 | 56 | 86 | 117 | 148 | 178 | 209 | 239 |
| 14 | 166 | 197 | 226 | 256 | 26 | 57 | 87 | 118 | 149 | 179 | 210 | 240 |
| 15 | 167 | 198 | 227 | 257 | 27 | 58 | 88 | 119 | 150 | 180 | 211 | 241 |
| 16 | 168 | 199 | 228 | 258 | 28 | 59 | 89 | 120 | 151 | 181 | 212 | 242 |
| 17 | 169 | 200 | 229 | 259 | 29 | 60 | 90 | 121 | 152 | 182 | 213 | 243 |
| 18 | 170 | 201 | 230 | 260 | 30 | 61 | 91 | 122 | 153 | 183 | 214 | 244 |
| 19 | 171 | 202 | 231 | 1 | 31 | 62 | 92 | 123 | 154 | 184 | 215 | 245 |
| 20 | 172 | 203 | 232 | 2 | 32 | 63 | 93 | 124 | 155 | 185 | 216 | 246 |
| 21 | 173 | 204 | 233 | 3 | 33 | 64 | 94 | 125 | 156 | 186 | 217 | 247 |
| 22 | 174 | 205 | 234 | 4 | 34 | 65 | 95 | 126 | 157 | 187 | 218 | 248 |
| 23 | 175 | 206 | 235 | 5 | 35 | 66 | 96 | 127 | 158 | 188 | 219 | 249 |
| 24 | 176 | 207 | 236 | 6 | 36 | 67 | 97 | 128 | 159 | 189 | 220 | 250 |
| 25 | 177 | 208 | 237 | 7 | 37 | 68 | 98 | 129 | 160 | 190 | 221 | 251 |
| 26 | 178 | 209 | 238 | 8 | 38 | 69 | 99 | 130 | 161 | 191 | 222 | 252 |
| 27 | 179 | 210 | 239 | 9 | 39 | 70 | 100 | 131 | 162 | 192 | 223 | 253 |
| 28 | 180 | 211 | 240 | 10 | 40 | 71 | 101 | 132 | 163 | 193 | 224 | 254 |
| 29 | 181 | 212 | 241 | 11 | 41 | 72 | 102 | 133 | 164 | 194 | 225 | 255 |
| 30 | 182 | | 242 | 12 | 42 | 73 | 103 | 134 | 165 | 195 | 226 | 256 |
| 31 | 183 | | 243 | | 43 | | 104 | 135 | | 196 | | 257 |

## 1949・2001年

| | 1月 | 2月 | 3月 | 4月 | 5月 | 6月 | 7月 | 8月 | 9月 | 10月 | 11月 | 12月 |
|---|---|---|---|---|---|---|---|---|---|---|---|---|
| 1 | 258 | 29 | 57 | 88 | 118 | 149 | 179 | 210 | 241 | 11 | 42 | 72 |
| 2 | 259 | 30 | 58 | 89 | 119 | 150 | 180 | 211 | 242 | 12 | 43 | 73 |
| 3 | 260 | 31 | 59 | 90 | 120 | 151 | 181 | 212 | 243 | 13 | 44 | 74 |
| 4 | 1 | 32 | 60 | 91 | 121 | 152 | 182 | 213 | 244 | 14 | 45 | 75 |
| 5 | 2 | 33 | 61 | 92 | 122 | 153 | 183 | 214 | 245 | 15 | 46 | 76 |
| 6 | 3 | 34 | 62 | 93 | 123 | 154 | 184 | 215 | 246 | 16 | 47 | 77 |
| 7 | 4 | 35 | 63 | 94 | 124 | 155 | 185 | 216 | 247 | 17 | 48 | 78 |
| 8 | 5 | 36 | 64 | 95 | 125 | 156 | 186 | 217 | 248 | 18 | 49 | 79 |
| 9 | 6 | 37 | 65 | 96 | 126 | 157 | 187 | 218 | 249 | 19 | 50 | 80 |
| 10 | 7 | 38 | 66 | 97 | 127 | 158 | 188 | 219 | 250 | 20 | 51 | 81 |
| 11 | 8 | 39 | 67 | 98 | 128 | 159 | 189 | 220 | 251 | 21 | 52 | 82 |
| 12 | 9 | 40 | 68 | 99 | 129 | 160 | 190 | 221 | 252 | 22 | 53 | 83 |
| 13 | 10 | 41 | 69 | 100 | 130 | 161 | 191 | 222 | 253 | 23 | 54 | 84 |
| 14 | 11 | 42 | 70 | 101 | 131 | 162 | 192 | 223 | 254 | 24 | 55 | 85 |
| 15 | 12 | 43 | 71 | 102 | 132 | 163 | 193 | 224 | 255 | 25 | 56 | 86 |
| 16 | 13 | 44 | 72 | 103 | 133 | 164 | 194 | 225 | 256 | 26 | 57 | 87 |
| 17 | 14 | 45 | 73 | 104 | 134 | 165 | 195 | 226 | 257 | 27 | 58 | 88 |
| 18 | 15 | 46 | 74 | 105 | 135 | 166 | 196 | 227 | 258 | 28 | 59 | 89 |
| 19 | 16 | 47 | 75 | 106 | 136 | 167 | 197 | 228 | 259 | 29 | 60 | 90 |
| 20 | 17 | 48 | 76 | 107 | 137 | 168 | 198 | 229 | 260 | 30 | 61 | 91 |
| 21 | 18 | 49 | 77 | 108 | 138 | 169 | 199 | 230 | 1 | 31 | 62 | 92 |
| 22 | 19 | 50 | 78 | 109 | 139 | 170 | 200 | 231 | 2 | 32 | 63 | 93 |
| 23 | 20 | 51 | 79 | 110 | 140 | 171 | 201 | 232 | 3 | 33 | 64 | 94 |
| 24 | 21 | 52 | 80 | 111 | 141 | 172 | 202 | 233 | 4 | 34 | 65 | 95 |
| 25 | 22 | 53 | 81 | 112 | 142 | 173 | 203 | 234 | 5 | 35 | 66 | 96 |
| 26 | 23 | 54 | 82 | 113 | 143 | 174 | 204 | 235 | 6 | 36 | 67 | 97 |
| 27 | 24 | 55 | 83 | 114 | 144 | 175 | 205 | 236 | 7 | 37 | 68 | 98 |
| 28 | 25 | 56 | 84 | 115 | 145 | 176 | 206 | 237 | 8 | 38 | 69 | 99 |
| 29 | 26 | | 85 | 116 | 146 | 177 | 207 | 238 | 9 | 39 | 70 | 100 |
| 30 | 27 | | 86 | 117 | 147 | 178 | 208 | 239 | 10 | 40 | 71 | 101 |
| 31 | 28 | | 87 | | 148 | | 209 | 240 | | 41 | | 102 |

## 1950・2002年

| | 1月 | 2月 | 3月 | 4月 | 5月 | 6月 | 7月 | 8月 | 9月 | 10月 | 11月 | 12月 |
|---|---|---|---|---|---|---|---|---|---|---|---|---|
| 1 | 103 | 134 | 162 | 193 | 223 | 254 | 24 | 55 | 86 | 116 | 147 | 177 |
| 2 | 104 | 135 | 163 | 194 | 224 | 255 | 25 | 56 | 87 | 117 | 148 | 178 |
| 3 | 105 | 136 | 164 | 195 | 225 | 256 | 26 | 57 | 88 | 118 | 149 | 179 |
| 4 | 106 | 137 | 165 | 196 | 226 | 257 | 27 | 58 | 89 | 119 | 150 | 180 |
| 5 | 107 | 138 | 166 | 197 | 227 | 258 | 28 | 59 | 90 | 120 | 151 | 181 |
| 6 | 108 | 139 | 167 | 198 | 228 | 259 | 29 | 60 | 91 | 121 | 152 | 182 |
| 7 | 109 | 140 | 168 | 199 | 229 | 260 | 30 | 61 | 92 | 122 | 153 | 183 |
| 8 | 110 | 141 | 169 | 200 | 230 | 1 | 31 | 62 | 93 | 123 | 154 | 184 |
| 9 | 111 | 142 | 170 | 201 | 231 | 2 | 32 | 63 | 94 | 124 | 155 | 185 |
| 10 | 112 | 143 | 171 | 202 | 232 | 3 | 33 | 64 | 95 | 125 | 156 | 186 |
| 11 | 113 | 144 | 172 | 203 | 233 | 4 | 34 | 65 | 96 | 126 | 157 | 187 |
| 12 | 114 | 145 | 173 | 204 | 234 | 5 | 35 | 66 | 97 | 127 | 158 | 188 |
| 13 | 115 | 146 | 174 | 205 | 235 | 6 | 36 | 67 | 98 | 128 | 159 | 189 |
| 14 | 116 | 147 | 175 | 206 | 236 | 7 | 37 | 68 | 99 | 129 | 160 | 190 |
| 15 | 117 | 148 | 176 | 207 | 237 | 8 | 38 | 69 | 100 | 130 | 161 | 191 |
| 16 | 118 | 149 | 177 | 208 | 238 | 9 | 39 | 70 | 101 | 131 | 162 | 192 |
| 17 | 119 | 150 | 178 | 209 | 239 | 10 | 40 | 71 | 102 | 132 | 163 | 193 |
| 18 | 120 | 151 | 179 | 210 | 240 | 11 | 41 | 72 | 103 | 133 | 164 | 194 |
| 19 | 121 | 152 | 180 | 211 | 241 | 12 | 42 | 73 | 104 | 134 | 165 | 195 |
| 20 | 122 | 153 | 181 | 212 | 242 | 13 | 43 | 74 | 105 | 135 | 166 | 196 |
| 21 | 123 | 154 | 182 | 213 | 243 | 14 | 44 | 75 | 106 | 136 | 167 | 197 |
| 22 | 124 | 155 | 183 | 214 | 244 | 15 | 45 | 76 | 107 | 137 | 168 | 198 |
| 23 | 125 | 156 | 184 | 215 | 245 | 16 | 46 | 77 | 108 | 138 | 169 | 199 |
| 24 | 126 | 157 | 185 | 216 | 246 | 17 | 47 | 78 | 109 | 139 | 170 | 200 |
| 25 | 127 | 158 | 186 | 217 | 247 | 18 | 48 | 79 | 110 | 140 | 171 | 201 |
| 26 | 128 | 159 | 187 | 218 | 248 | 19 | 49 | 80 | 111 | 141 | 172 | 202 |
| 27 | 129 | 160 | 188 | 219 | 249 | 20 | 50 | 81 | 112 | 142 | 173 | 203 |
| 28 | 130 | 161 | 189 | 220 | 250 | 21 | 51 | 82 | 113 | 143 | 174 | 204 |
| 29 | 131 | | 190 | 221 | 251 | 22 | 52 | 83 | 114 | 144 | 175 | 205 |
| 30 | 132 | | 191 | 222 | 252 | 23 | 53 | 84 | 115 | 145 | 176 | 206 |
| 31 | 133 | | 192 | | 253 | | 54 | 85 | | 146 | | 207 |

## 1951・2003年

| | 1月 | 2月 | 3月 | 4月 | 5月 | 6月 | 7月 | 8月 | 9月 | 10月 | 11月 | 12月 |
|---|---|---|---|---|---|---|---|---|---|---|---|---|
| 1 | 208 | 239 | 7 | 38 | 68 | 99 | 129 | 160 | 191 | 221 | 252 | 22 |
| 2 | 209 | 240 | 8 | 39 | 69 | 100 | 130 | 161 | 192 | 222 | 253 | 23 |
| 3 | 210 | 241 | 9 | 40 | 70 | 101 | 131 | 162 | 193 | 223 | 254 | 24 |
| 4 | 211 | 242 | 10 | 41 | 71 | 102 | 132 | 163 | 194 | 224 | 255 | 25 |
| 5 | 212 | 243 | 11 | 42 | 72 | 103 | 133 | 164 | 195 | 225 | 256 | 26 |
| 6 | 213 | 244 | 12 | 43 | 73 | 104 | 134 | 165 | 196 | 226 | 257 | 27 |
| 7 | 214 | 245 | 13 | 44 | 74 | 105 | 135 | 166 | 197 | 227 | 258 | 28 |
| 8 | 215 | 246 | 14 | 45 | 75 | 106 | 136 | 167 | 198 | 228 | 259 | 29 |
| 9 | 216 | 247 | 15 | 46 | 76 | 107 | 137 | 168 | 199 | 229 | 260 | 30 |
| 10 | 217 | 248 | 16 | 47 | 77 | 108 | 138 | 169 | 200 | 230 | 1 | 31 |
| 11 | 218 | 249 | 17 | 48 | 78 | 109 | 139 | 170 | 201 | 231 | 2 | 32 |
| 12 | 219 | 250 | 18 | 49 | 79 | 110 | 140 | 171 | 202 | 232 | 3 | 33 |
| 13 | 220 | 251 | 19 | 50 | 80 | 111 | 141 | 172 | 203 | 233 | 4 | 34 |
| 14 | 221 | 252 | 20 | 51 | 81 | 112 | 142 | 173 | 204 | 234 | 5 | 35 |
| 15 | 222 | 253 | 21 | 52 | 82 | 113 | 143 | 174 | 205 | 235 | 6 | 36 |
| 16 | 223 | 254 | 22 | 53 | 83 | 114 | 144 | 175 | 206 | 236 | 7 | 37 |
| 17 | 224 | 255 | 23 | 54 | 84 | 115 | 145 | 176 | 207 | 237 | 8 | 38 |
| 18 | 225 | 256 | 24 | 55 | 85 | 116 | 146 | 177 | 208 | 238 | 9 | 39 |
| 19 | 226 | 257 | 25 | 56 | 86 | 117 | 147 | 178 | 209 | 239 | 10 | 40 |
| 20 | 227 | 258 | 26 | 57 | 87 | 118 | 148 | 179 | 210 | 240 | 11 | 41 |
| 21 | 228 | 259 | 27 | 58 | 88 | 119 | 149 | 180 | 211 | 241 | 12 | 42 |
| 22 | 229 | 260 | 28 | 59 | 89 | 120 | 150 | 181 | 212 | 242 | 13 | 43 |
| 23 | 230 | 1 | 29 | 60 | 90 | 121 | 151 | 182 | 213 | 243 | 14 | 44 |
| 24 | 231 | 2 | 30 | 61 | 91 | 122 | 152 | 183 | 214 | 244 | 15 | 45 |
| 25 | 232 | 3 | 31 | 62 | 92 | 123 | 153 | 184 | 215 | 245 | 16 | 46 |
| 26 | 233 | 4 | 32 | 63 | 93 | 124 | 154 | 185 | 216 | 246 | 17 | 47 |
| 27 | 234 | 5 | 33 | 64 | 94 | 125 | 155 | 186 | 217 | 247 | 18 | 48 |
| 28 | 235 | 6 | 34 | 65 | 95 | 126 | 156 | 187 | 218 | 248 | 19 | 49 |
| 29 | 236 | | 35 | 66 | 96 | 127 | 157 | 188 | 219 | 249 | 20 | 50 |
| 30 | 237 | | 36 | 67 | 97 | 128 | 158 | 189 | 220 | 250 | 21 | 51 |
| 31 | 238 | | 37 | | 98 | | 159 | 190 | | 251 | | 52 |

## 1952・2004年

| | 1月 | 2月 | 3月 | 4月 | 5月 | 6月 | 7月 | 8月 | 9月 | 10月 | 11月 | 12月 |
|---|---|---|---|---|---|---|---|---|---|---|---|---|
| 1 | 53 | 84 | 113 | 143 | 173 | 204 | 234 | 5 | 36 | 66 | 97 | 127 |
| 2 | 54 | 85 | 114 | 144 | 174 | 205 | 235 | 6 | 37 | 67 | 98 | 128 |
| 3 | 55 | 86 | 115 | 145 | 175 | 206 | 236 | 7 | 38 | 68 | 99 | 129 |
| 4 | 56 | 87 | 116 | 146 | 176 | 207 | 237 | 8 | 39 | 69 | 100 | 130 |
| 5 | 57 | 88 | 117 | 147 | 177 | 208 | 238 | 9 | 40 | 70 | 101 | 131 |
| 6 | 58 | 89 | 118 | 148 | 178 | 209 | 239 | 10 | 41 | 71 | 102 | 132 |
| 7 | 59 | 90 | 119 | 149 | 179 | 210 | 240 | 11 | 42 | 72 | 103 | 133 |
| 8 | 60 | 91 | 120 | 150 | 180 | 211 | 241 | 12 | 43 | 73 | 104 | 134 |
| 9 | 61 | 92 | 121 | 151 | 181 | 212 | 242 | 13 | 44 | 74 | 105 | 135 |
| 10 | 62 | 93 | 122 | 152 | 182 | 213 | 243 | 14 | 45 | 75 | 106 | 136 |
| 11 | 63 | 94 | 123 | 153 | 183 | 214 | 244 | 15 | 46 | 76 | 107 | 137 |
| 12 | 64 | 95 | 124 | 154 | 184 | 215 | 245 | 16 | 47 | 77 | 108 | 138 |
| 13 | 65 | 96 | 125 | 155 | 185 | 216 | 246 | 17 | 48 | 78 | 109 | 139 |
| 14 | 66 | 97 | 126 | 156 | 186 | 217 | 247 | 18 | 49 | 79 | 110 | 140 |
| 15 | 67 | 98 | 127 | 157 | 187 | 218 | 248 | 19 | 50 | 80 | 111 | 141 |
| 16 | 68 | 99 | 128 | 158 | 188 | 219 | 249 | 20 | 51 | 81 | 112 | 142 |
| 17 | 69 | 100 | 129 | 159 | 189 | 220 | 250 | 21 | 52 | 82 | 113 | 143 |
| 18 | 70 | 101 | 130 | 160 | 190 | 221 | 251 | 22 | 53 | 83 | 114 | 144 |
| 19 | 71 | 102 | 131 | 161 | 191 | 222 | 252 | 23 | 54 | 84 | 115 | 145 |
| 20 | 72 | 103 | 132 | 162 | 192 | 223 | 253 | 24 | 55 | 85 | 116 | 146 |
| 21 | 73 | 104 | 133 | 163 | 193 | 224 | 254 | 25 | 56 | 86 | 117 | 147 |
| 22 | 74 | 105 | 134 | 164 | 194 | 225 | 255 | 26 | 57 | 87 | 118 | 148 |
| 23 | 75 | 106 | 135 | 165 | 195 | 226 | 256 | 27 | 58 | 88 | 119 | 149 |
| 24 | 76 | 107 | 136 | 166 | 196 | 227 | 257 | 28 | 59 | 89 | 120 | 150 |
| 25 | 77 | 108 | 137 | 167 | 197 | 228 | 258 | 29 | 60 | 90 | 121 | 151 |
| 26 | 78 | 109 | 138 | 168 | 198 | 229 | 259 | 30 | 61 | 91 | 122 | 152 |
| 27 | 79 | 110 | 139 | 169 | 199 | 230 | 260 | 31 | 62 | 92 | 123 | 153 |
| 28 | 80 | 111 | 140 | 170 | 200 | 231 | 1 | 32 | 63 | 93 | 124 | 154 |
| 29 | 81 | 112 | 141 | 171 | 201 | 232 | 2 | 33 | 64 | 94 | 125 | 155 |
| 30 | 82 | | 142 | 172 | 202 | 233 | 3 | 34 | 65 | 95 | 126 | 156 |
| 31 | 83 | | 143 | | 203 | | 4 | 35 | | 96 | | 157 |

## 1953・2005年

| | 1月 | 2月 | 3月 | 4月 | 5月 | 6月 | 7月 | 8月 | 9月 | 10月 | 11月 | 12月 |
|---|---|---|---|---|---|---|---|---|---|---|---|---|
| 1 | 158 | 189 | 217 | 248 | 18 | 49 | 79 | 110 | 141 | 171 | 202 | 232 |
| 2 | 159 | 190 | 218 | 249 | 19 | 50 | 80 | 111 | 142 | 172 | 203 | 233 |
| 3 | 160 | 191 | 219 | 250 | 20 | 51 | 81 | 112 | 143 | 173 | 204 | 234 |
| 4 | 161 | 192 | 220 | 251 | 21 | 52 | 82 | 113 | 144 | 174 | 205 | 235 |
| 5 | 162 | 193 | 221 | 252 | 22 | 53 | 83 | 114 | 145 | 175 | 206 | 236 |
| 6 | 163 | 194 | 222 | 253 | 23 | 54 | 84 | 115 | 146 | 176 | 207 | 237 |
| 7 | 164 | 195 | 223 | 254 | 24 | 55 | 85 | 116 | 147 | 177 | 208 | 238 |
| 8 | 165 | 196 | 224 | 255 | 25 | 56 | 86 | 117 | 148 | 178 | 209 | 239 |
| 9 | 166 | 197 | 225 | 256 | 26 | 57 | 87 | 118 | 149 | 179 | 210 | 240 |
| 10 | 167 | 198 | 226 | 257 | 27 | 58 | 88 | 119 | 150 | 180 | 211 | 241 |
| 11 | 168 | 199 | 227 | 258 | 28 | 59 | 89 | 120 | 151 | 181 | 212 | 242 |
| 12 | 169 | 200 | 228 | 259 | 29 | 60 | 90 | 121 | 152 | 182 | 213 | 243 |
| 13 | 170 | 201 | 229 | 260 | 30 | 61 | 91 | 122 | 153 | 183 | 214 | 244 |
| 14 | 171 | 202 | 230 | 1 | 31 | 62 | 92 | 123 | 154 | 184 | 215 | 245 |
| 15 | 172 | 203 | 231 | 2 | 32 | 63 | 93 | 124 | 155 | 185 | 216 | 246 |
| 16 | 173 | 204 | 232 | 3 | 33 | 64 | 94 | 125 | 156 | 186 | 217 | 247 |
| 17 | 174 | 205 | 233 | 4 | 34 | 65 | 95 | 126 | 157 | 187 | 218 | 248 |
| 18 | 175 | 206 | 234 | 5 | 35 | 66 | 96 | 127 | 158 | 188 | 219 | 249 |
| 19 | 176 | 207 | 235 | 6 | 36 | 67 | 97 | 128 | 159 | 189 | 220 | 250 |
| 20 | 177 | 208 | 236 | 7 | 37 | 68 | 98 | 129 | 160 | 190 | 221 | 251 |
| 21 | 178 | 209 | 237 | 8 | 38 | 69 | 99 | 130 | 161 | 191 | 222 | 252 |
| 22 | 179 | 210 | 238 | 9 | 39 | 70 | 100 | 131 | 162 | 192 | 223 | 253 |
| 23 | 180 | 211 | 239 | 10 | 40 | 71 | 101 | 132 | 163 | 193 | 224 | 254 |
| 24 | 181 | 212 | 240 | 11 | 41 | 72 | 102 | 133 | 164 | 194 | 225 | 255 |
| 25 | 182 | 213 | 241 | 12 | 42 | 73 | 103 | 134 | 165 | 195 | 226 | 256 |
| 26 | 183 | 214 | 242 | 13 | 43 | 74 | 104 | 135 | 166 | 196 | 227 | 257 |
| 27 | 184 | 215 | 243 | 14 | 44 | 75 | 105 | 136 | 167 | 197 | 228 | 258 |
| 28 | 185 | 216 | 244 | 15 | 45 | 76 | 106 | 137 | 168 | 198 | 229 | 259 |
| 29 | 186 | | 245 | 16 | 46 | 77 | 107 | 138 | 169 | 199 | 230 | 260 |
| 30 | 187 | | 246 | 17 | 47 | 78 | 108 | 139 | 170 | 200 | 231 | 1 |
| 31 | 188 | | 247 | | 48 | | 109 | 140 | | 201 | | 2 |

## 1954・2006年

| | 1月 | 2月 | 3月 | 4月 | 5月 | 6月 | 7月 | 8月 | 9月 | 10月 | 11月 | 12月 |
|---|---|---|---|---|---|---|---|---|---|---|---|---|
| 1 | 3 | 34 | 62 | 93 | 123 | 154 | 184 | 215 | 246 | 16 | 47 | 77 |
| 2 | 4 | 35 | 63 | 94 | 124 | 155 | 185 | 216 | 247 | 17 | 48 | 78 |
| 3 | 5 | 36 | 64 | 95 | 125 | 156 | 186 | 217 | 248 | 18 | 49 | 79 |
| 4 | 6 | 37 | 65 | 96 | 126 | 157 | 187 | 218 | 249 | 19 | 50 | 80 |
| 5 | 7 | 38 | 66 | 97 | 127 | 158 | 188 | 219 | 250 | 20 | 51 | 81 |
| 6 | 8 | 39 | 67 | 98 | 128 | 159 | 189 | 220 | 251 | 21 | 52 | 82 |
| 7 | 9 | 40 | 68 | 99 | 129 | 160 | 190 | 221 | 252 | 22 | 53 | 83 |
| 8 | 10 | 41 | 69 | 100 | 130 | 161 | 191 | 222 | 253 | 23 | 54 | 84 |
| 9 | 11 | 42 | 70 | 101 | 131 | 162 | 192 | 223 | 254 | 24 | 55 | 85 |
| 10 | 12 | 43 | 71 | 102 | 132 | 163 | 193 | 224 | 255 | 25 | 56 | 86 |
| 11 | 13 | 44 | 72 | 103 | 133 | 164 | 194 | 225 | 256 | 26 | 57 | 87 |
| 12 | 14 | 45 | 73 | 104 | 134 | 165 | 195 | 226 | 257 | 27 | 58 | 88 |
| 13 | 15 | 46 | 74 | 105 | 135 | 166 | 196 | 227 | 258 | 28 | 59 | 89 |
| 14 | 16 | 47 | 75 | 106 | 136 | 167 | 197 | 228 | 259 | 29 | 60 | 90 |
| 15 | 17 | 48 | 76 | 107 | 137 | 168 | 198 | 229 | 260 | 30 | 61 | 91 |
| 16 | 18 | 49 | 77 | 108 | 138 | 169 | 199 | 230 | 1 | 31 | 62 | 92 |
| 17 | 19 | 50 | 78 | 109 | 139 | 170 | 200 | 231 | 2 | 32 | 63 | 93 |
| 18 | 20 | 51 | 79 | 110 | 140 | 171 | 201 | 232 | 3 | 33 | 64 | 94 |
| 19 | 21 | 52 | 80 | 111 | 141 | 172 | 202 | 233 | 4 | 34 | 65 | 95 |
| 20 | 22 | 53 | 81 | 112 | 142 | 173 | 203 | 234 | 5 | 35 | 66 | 96 |
| 21 | 23 | 54 | 82 | 113 | 143 | 174 | 204 | 235 | 6 | 36 | 67 | 97 |
| 22 | 24 | 55 | 83 | 114 | 144 | 175 | 205 | 236 | 7 | 37 | 68 | 98 |
| 23 | 25 | 56 | 84 | 115 | 145 | 176 | 206 | 237 | 8 | 38 | 69 | 99 |
| 24 | 26 | 57 | 85 | 116 | 146 | 177 | 207 | 238 | 9 | 39 | 70 | 100 |
| 25 | 27 | 58 | 86 | 117 | 147 | 178 | 208 | 239 | 10 | 40 | 71 | 101 |
| 26 | 28 | 59 | 87 | 118 | 148 | 179 | 209 | 240 | 11 | 41 | 72 | 102 |
| 27 | 29 | 60 | 88 | 119 | 149 | 180 | 210 | 241 | 12 | 42 | 73 | 103 |
| 28 | 30 | 61 | 89 | 120 | 150 | 181 | 211 | 242 | 13 | 43 | 74 | 104 |
| 29 | 31 | | 90 | 121 | 151 | 182 | 212 | 243 | 14 | 44 | 75 | 105 |
| 30 | 32 | | 91 | 122 | 152 | 183 | 213 | 244 | 15 | 45 | 76 | 106 |
| 31 | 33 | | 92 | | 153 | | 214 | 245 | | 46 | | 107 |

## 1955・2007年

| | 1月 | 2月 | 3月 | 4月 | 5月 | 6月 | 7月 | 8月 | 9月 | 10月 | 11月 | 12月 |
|---|---|---|---|---|---|---|---|---|---|---|---|---|
| 1 | 108 | 139 | 167 | 198 | 228 | 259 | 29 | 60 | 91 | 121 | 152 | 182 |
| 2 | 109 | 140 | 168 | 199 | 229 | 260 | 30 | 61 | 92 | 122 | 153 | 183 |
| 3 | 110 | 141 | 169 | 200 | 230 | 1 | 31 | 62 | 93 | 123 | 154 | 184 |
| 4 | 111 | 142 | 170 | 201 | 231 | 2 | 32 | 63 | 94 | 124 | 155 | 185 |
| 5 | 112 | 143 | 171 | 202 | 232 | 3 | 33 | 64 | 95 | 125 | 156 | 186 |
| 6 | 113 | 144 | 172 | 203 | 233 | 4 | 34 | 65 | 96 | 126 | 157 | 187 |
| 7 | 114 | 145 | 173 | 204 | 234 | 5 | 35 | 66 | 97 | 127 | 158 | 188 |
| 8 | 115 | 146 | 174 | 205 | 235 | 6 | 36 | 67 | 98 | 128 | 159 | 189 |
| 9 | 116 | 147 | 175 | 206 | 236 | 7 | 37 | 68 | 99 | 129 | 160 | 190 |
| 10 | 117 | 148 | 176 | 207 | 237 | 8 | 38 | 69 | 100 | 130 | 161 | 191 |
| 11 | 118 | 149 | 177 | 208 | 238 | 9 | 39 | 70 | 101 | 131 | 162 | 192 |
| 12 | 119 | 150 | 178 | 209 | 239 | 10 | 40 | 71 | 102 | 132 | 163 | 193 |
| 13 | 120 | 151 | 179 | 210 | 240 | 11 | 41 | 72 | 103 | 133 | 164 | 194 |
| 14 | 121 | 152 | 180 | 211 | 241 | 12 | 42 | 73 | 104 | 134 | 165 | 195 |
| 15 | 122 | 153 | 181 | 212 | 242 | 13 | 43 | 74 | 105 | 135 | 166 | 196 |
| 16 | 123 | 154 | 182 | 213 | 243 | 14 | 44 | 75 | 106 | 136 | 167 | 197 |
| 17 | 124 | 155 | 183 | 214 | 244 | 15 | 45 | 76 | 107 | 137 | 168 | 198 |
| 18 | 125 | 156 | 184 | 215 | 245 | 16 | 46 | 77 | 108 | 138 | 169 | 199 |
| 19 | 126 | 157 | 185 | 216 | 246 | 17 | 47 | 78 | 109 | 139 | 170 | 200 |
| 20 | 127 | 158 | 186 | 217 | 247 | 18 | 48 | 79 | 110 | 140 | 171 | 201 |
| 21 | 128 | 159 | 187 | 218 | 248 | 19 | 49 | 80 | 111 | 141 | 172 | 202 |
| 22 | 129 | 160 | 188 | 219 | 249 | 20 | 50 | 81 | 112 | 142 | 173 | 203 |
| 23 | 130 | 161 | 189 | 220 | 250 | 21 | 51 | 82 | 113 | 143 | 174 | 204 |
| 24 | 131 | 162 | 190 | 221 | 251 | 22 | 52 | 83 | 114 | 144 | 175 | 205 |
| 25 | 132 | 163 | 191 | 222 | 252 | 23 | 53 | 84 | 115 | 145 | 176 | 206 |
| 26 | 133 | 164 | 192 | 223 | 253 | 24 | 54 | 85 | 116 | 146 | 177 | 207 |
| 27 | 134 | 165 | 193 | 224 | 254 | 25 | 55 | 86 | 117 | 147 | 178 | 208 |
| 28 | 135 | 166 | 194 | 225 | 255 | 26 | 56 | 87 | 118 | 148 | 179 | 209 |
| 29 | 136 | | 195 | 226 | 256 | 27 | 57 | 88 | 119 | 149 | 180 | 210 |
| 30 | 137 | | 196 | 227 | 257 | 28 | 58 | 89 | 120 | 150 | 181 | 211 |
| 31 | 138 | | 197 | | 258 | | 59 | 90 | | 151 | | 212 |

## 1956・2008年

| | 1月 | 2月 | 3月 | 4月 | 5月 | 6月 | 7月 | 8月 | 9月 | 10月 | 11月 | 12月 |
|---|---|---|---|---|---|---|---|---|---|---|---|---|
| 1 | 213 | 244 | 13 | 43 | 73 | 104 | 134 | 165 | 196 | 226 | 257 | 27 |
| 2 | 214 | 245 | 14 | 44 | 74 | 105 | 135 | 166 | 197 | 227 | 258 | 28 |
| 3 | 215 | 246 | 15 | 45 | 75 | 106 | 136 | 167 | 198 | 228 | 259 | 29 |
| 4 | 216 | 247 | 16 | 46 | 76 | 107 | 137 | 168 | 199 | 229 | 260 | 30 |
| 5 | 217 | 248 | 17 | 47 | 77 | 108 | 138 | 169 | 200 | 230 | 1 | 31 |
| 6 | 218 | 249 | 18 | 48 | 78 | 109 | 139 | 170 | 201 | 231 | 2 | 32 |
| 7 | 219 | 250 | 19 | 49 | 79 | 110 | 140 | 171 | 202 | 232 | 3 | 33 |
| 8 | 220 | 251 | 20 | 50 | 80 | 111 | 141 | 172 | 203 | 233 | 4 | 34 |
| 9 | 221 | 252 | 21 | 51 | 81 | 112 | 142 | 173 | 204 | 234 | 5 | 35 |
| 10 | 222 | 253 | 22 | 52 | 82 | 113 | 143 | 174 | 205 | 235 | 6 | 36 |
| 11 | 223 | 254 | 23 | 53 | 83 | 114 | 144 | 175 | 206 | 236 | 7 | 37 |
| 12 | 224 | 255 | 24 | 54 | 84 | 115 | 145 | 176 | 207 | 237 | 8 | 38 |
| 13 | 225 | 256 | 25 | 55 | 85 | 116 | 146 | 177 | 208 | 238 | 9 | 39 |
| 14 | 226 | 257 | 26 | 56 | 86 | 117 | 147 | 178 | 209 | 239 | 10 | 40 |
| 15 | 227 | 258 | 27 | 57 | 87 | 118 | 148 | 179 | 210 | 240 | 11 | 41 |
| 16 | 228 | 259 | 28 | 58 | 88 | 119 | 149 | 180 | 211 | 241 | 12 | 42 |
| 17 | 229 | 260 | 29 | 59 | 89 | 120 | 150 | 181 | 212 | 242 | 13 | 43 |
| 18 | 230 | 1 | 30 | 60 | 90 | 121 | 151 | 182 | 213 | 243 | 14 | 44 |
| 19 | 231 | 2 | 31 | 61 | 91 | 122 | 152 | 183 | 214 | 244 | 15 | 45 |
| 20 | 232 | 3 | 32 | 62 | 92 | 123 | 153 | 184 | 215 | 245 | 16 | 46 |
| 21 | 233 | 4 | 33 | 63 | 93 | 124 | 154 | 185 | 216 | 246 | 17 | 47 |
| 22 | 234 | 5 | 34 | 64 | 94 | 125 | 155 | 186 | 217 | 247 | 18 | 48 |
| 23 | 235 | 6 | 35 | 65 | 95 | 126 | 156 | 187 | 218 | 248 | 19 | 49 |
| 24 | 236 | 7 | 36 | 66 | 96 | 127 | 157 | 188 | 219 | 249 | 20 | 50 |
| 25 | 237 | 8 | 37 | 67 | 97 | 128 | 158 | 189 | 220 | 250 | 21 | 51 |
| 26 | 238 | 9 | 38 | 68 | 98 | 129 | 159 | 190 | 221 | 251 | 22 | 52 |
| 27 | 239 | 10 | 39 | 69 | 99 | 130 | 160 | 191 | 222 | 252 | 23 | 53 |
| 28 | 240 | 11 | 40 | 70 | 100 | 131 | 161 | 192 | 223 | 253 | 24 | 54 |
| 29 | 241 | 12 | 41 | 71 | 101 | 132 | 162 | 193 | 224 | 254 | 25 | 55 |
| 30 | 242 | | 42 | 72 | 102 | 133 | 163 | 194 | 225 | 255 | 26 | 56 |
| 31 | 243 | | 43 | | 103 | | 164 | 195 | | 256 | | 57 |

## 1957・2009年

| | 1月 | 2月 | 3月 | 4月 | 5月 | 6月 | 7月 | 8月 | 9月 | 10月 | 11月 | 12月 |
|---|---|---|---|---|---|---|---|---|---|---|---|---|
| 1 | 58 | 89 | 117 | 148 | 178 | 209 | 239 | 10 | 41 | 71 | 102 | 132 |
| 2 | 59 | 90 | 118 | 149 | 179 | 210 | 240 | 11 | 42 | 72 | 103 | 133 |
| 3 | 60 | 91 | 119 | 150 | 180 | 211 | 241 | 12 | 43 | 73 | 104 | 134 |
| 4 | 61 | 92 | 120 | 151 | 181 | 212 | 242 | 13 | 44 | 74 | 105 | 135 |
| 5 | 62 | 93 | 121 | 152 | 182 | 213 | 243 | 14 | 45 | 75 | 106 | 136 |
| 6 | 63 | 94 | 122 | 153 | 183 | 214 | 244 | 15 | 46 | 76 | 107 | 137 |
| 7 | 64 | 95 | 123 | 154 | 184 | 215 | 245 | 16 | 47 | 77 | 108 | 138 |
| 8 | 65 | 96 | 124 | 155 | 185 | 216 | 246 | 17 | 48 | 78 | 109 | 139 |
| 9 | 66 | 97 | 125 | 156 | 186 | 217 | 247 | 18 | 49 | 79 | 110 | 140 |
| 10 | 67 | 98 | 126 | 157 | 187 | 218 | 248 | 19 | 50 | 80 | 111 | 141 |
| 11 | 68 | 99 | 127 | 158 | 188 | 219 | 249 | 20 | 51 | 81 | 112 | 142 |
| 12 | 69 | 100 | 128 | 159 | 189 | 220 | 250 | 21 | 52 | 82 | 113 | 143 |
| 13 | 70 | 101 | 129 | 160 | 190 | 221 | 251 | 22 | 53 | 83 | 114 | 144 |
| 14 | 71 | 102 | 130 | 161 | 191 | 222 | 252 | 23 | 54 | 84 | 115 | 145 |
| 15 | 72 | 103 | 131 | 162 | 192 | 223 | 253 | 24 | 55 | 85 | 116 | 146 |
| 16 | 73 | 104 | 132 | 163 | 193 | 224 | 254 | 25 | 56 | 86 | 117 | 147 |
| 17 | 74 | 105 | 133 | 164 | 194 | 225 | 255 | 26 | 57 | 87 | 118 | 148 |
| 18 | 75 | 106 | 134 | 165 | 195 | 226 | 256 | 27 | 58 | 88 | 119 | 149 |
| 19 | 76 | 107 | 135 | 166 | 196 | 227 | 257 | 28 | 59 | 89 | 120 | 150 |
| 20 | 77 | 108 | 136 | 167 | 197 | 228 | 258 | 29 | 60 | 90 | 121 | 151 |
| 21 | 78 | 109 | 137 | 168 | 198 | 229 | 259 | 30 | 61 | 91 | 122 | 152 |
| 22 | 79 | 110 | 138 | 169 | 199 | 230 | 260 | 31 | 62 | 92 | 123 | 153 |
| 23 | 80 | 111 | 139 | 170 | 200 | 231 | 1 | 32 | 63 | 93 | 124 | 154 |
| 24 | 81 | 112 | 140 | 171 | 201 | 232 | 2 | 33 | 64 | 94 | 125 | 155 |
| 25 | 82 | 113 | 141 | 172 | 202 | 233 | 3 | 34 | 65 | 95 | 126 | 156 |
| 26 | 83 | 114 | 142 | 173 | 203 | 234 | 4 | 35 | 66 | 96 | 127 | 157 |
| 27 | 84 | 115 | 143 | 174 | 204 | 235 | 5 | 36 | 67 | 97 | 128 | 158 |
| 28 | 85 | 116 | 144 | 175 | 205 | 236 | 6 | 37 | 68 | 98 | 129 | 159 |
| 29 | 86 | | 145 | 176 | 206 | 237 | 7 | 38 | 69 | 99 | 130 | 160 |
| 30 | 87 | | 146 | 177 | 207 | 238 | 8 | 39 | 70 | 100 | 131 | 161 |
| 31 | 88 | | 147 | | 208 | | 9 | 40 | | 101 | | 162 |

## 1958・2010年

| | 1月 | 2月 | 3月 | 4月 | 5月 | 6月 | 7月 | 8月 | 9月 | 10月 | 11月 | 12月 |
|---|---|---|---|---|---|---|---|---|---|---|---|---|
| 1 | 163 | 194 | 222 | 253 | 23 | 54 | 84 | 115 | 146 | 176 | 207 | 237 |
| 2 | 164 | 195 | 223 | 254 | 24 | 55 | 85 | 116 | 147 | 177 | 208 | 238 |
| 3 | 165 | 196 | 224 | 255 | 25 | 56 | 86 | 117 | 148 | 178 | 209 | 239 |
| 4 | 166 | 197 | 225 | 256 | 26 | 57 | 87 | 118 | 149 | 179 | 210 | 240 |
| 5 | 167 | 198 | 226 | 257 | 27 | 58 | 88 | 119 | 150 | 180 | 211 | 241 |
| 6 | 168 | 199 | 227 | 258 | 28 | 59 | 89 | 120 | 151 | 181 | 212 | 242 |
| 7 | 169 | 200 | 228 | 259 | 29 | 60 | 90 | 121 | 152 | 182 | 213 | 243 |
| 8 | 170 | 201 | 229 | 260 | 30 | 61 | 91 | 122 | 153 | 183 | 214 | 244 |
| 9 | 171 | 202 | 230 | 1 | 31 | 62 | 92 | 123 | 154 | 184 | 215 | 245 |
| 10 | 172 | 203 | 231 | 2 | 32 | 63 | 93 | 124 | 155 | 185 | 216 | 246 |
| 11 | 173 | 204 | 232 | 3 | 33 | 64 | 94 | 125 | 156 | 186 | 217 | 247 |
| 12 | 174 | 205 | 233 | 4 | 34 | 65 | 95 | 126 | 157 | 187 | 218 | 248 |
| 13 | 175 | 206 | 234 | 5 | 35 | 66 | 96 | 127 | 158 | 188 | 219 | 249 |
| 14 | 176 | 207 | 235 | 6 | 36 | 67 | 97 | 128 | 159 | 189 | 220 | 250 |
| 15 | 177 | 208 | 236 | 7 | 37 | 68 | 98 | 129 | 160 | 190 | 221 | 251 |
| 16 | 178 | 209 | 237 | 8 | 38 | 69 | 99 | 130 | 161 | 191 | 222 | 252 |
| 17 | 179 | 210 | 238 | 9 | 39 | 70 | 100 | 131 | 162 | 192 | 223 | 253 |
| 18 | 180 | 211 | 239 | 10 | 40 | 71 | 101 | 132 | 163 | 193 | 224 | 254 |
| 19 | 181 | 212 | 240 | 11 | 41 | 72 | 102 | 133 | 164 | 194 | 225 | 255 |
| 20 | 182 | 213 | 241 | 12 | 42 | 73 | 103 | 134 | 165 | 195 | 226 | 256 |
| 21 | 183 | 214 | 242 | 13 | 43 | 74 | 104 | 135 | 166 | 196 | 227 | 257 |
| 22 | 184 | 215 | 243 | 14 | 44 | 75 | 105 | 136 | 167 | 197 | 228 | 258 |
| 23 | 185 | 216 | 244 | 15 | 45 | 76 | 106 | 137 | 168 | 198 | 229 | 259 |
| 24 | 186 | 217 | 245 | 16 | 46 | 77 | 107 | 138 | 169 | 199 | 230 | 260 |
| 25 | 187 | 218 | 246 | 17 | 47 | 78 | 108 | 139 | 170 | 200 | 231 | 1 |
| 26 | 188 | 219 | 247 | 18 | 48 | 79 | 109 | 140 | 171 | 201 | 232 | 2 |
| 27 | 189 | 220 | 248 | 19 | 49 | 80 | 110 | 141 | 172 | 202 | 233 | 3 |
| 28 | 190 | 221 | 249 | 20 | 50 | 81 | 111 | 142 | 173 | 203 | 234 | 4 |
| 29 | 191 | | 250 | 21 | 51 | 82 | 112 | 143 | 174 | 204 | 235 | 5 |
| 30 | 192 | | 251 | 22 | 52 | 83 | 113 | 144 | 175 | 205 | 236 | 6 |
| 31 | 193 | | 252 | | 53 | | 114 | 145 | | 206 | | 7 |

## 1959・2011年

| | 1月 | 2月 | 3月 | 4月 | 5月 | 6月 | 7月 | 8月 | 9月 | 10月 | 11月 | 12月 |
|---|---|---|---|---|---|---|---|---|---|---|---|---|
| 1 | 8 | 39 | 67 | 98 | 128 | 159 | 189 | 220 | 251 | 21 | 52 | 82 |
| 2 | 9 | 40 | 68 | 99 | 129 | 160 | 190 | 221 | 252 | 22 | 53 | 83 |
| 3 | 10 | 41 | 69 | 100 | 130 | 161 | 191 | 222 | 253 | 23 | 54 | 84 |
| 4 | 11 | 42 | 70 | 101 | 131 | 162 | 192 | 223 | 254 | 24 | 55 | 85 |
| 5 | 12 | 43 | 71 | 102 | 132 | 163 | 193 | 224 | 255 | 25 | 56 | 86 |
| 6 | 13 | 44 | 72 | 103 | 133 | 164 | 194 | 225 | 256 | 26 | 57 | 87 |
| 7 | 14 | 45 | 73 | 104 | 134 | 165 | 195 | 226 | 257 | 27 | 58 | 88 |
| 8 | 15 | 46 | 74 | 105 | 135 | 166 | 196 | 227 | 258 | 28 | 59 | 89 |
| 9 | 16 | 47 | 75 | 106 | 136 | 167 | 197 | 228 | 259 | 29 | 60 | 90 |
| 10 | 17 | 48 | 76 | 107 | 137 | 168 | 198 | 229 | 260 | 30 | 61 | 91 |
| 11 | 18 | 49 | 77 | 108 | 138 | 169 | 199 | 230 | 1 | 31 | 62 | 92 |
| 12 | 19 | 50 | 78 | 109 | 139 | 170 | 200 | 231 | 2 | 32 | 63 | 93 |
| 13 | 20 | 51 | 79 | 110 | 140 | 171 | 201 | 232 | 3 | 33 | 64 | 94 |
| 14 | 21 | 52 | 80 | 111 | 141 | 172 | 202 | 233 | 4 | 34 | 65 | 95 |
| 15 | 22 | 53 | 81 | 112 | 142 | 173 | 203 | 234 | 5 | 35 | 66 | 96 |
| 16 | 23 | 54 | 82 | 113 | 143 | 174 | 204 | 235 | 6 | 36 | 67 | 97 |
| 17 | 24 | 55 | 83 | 114 | 144 | 175 | 205 | 236 | 7 | 37 | 68 | 98 |
| 18 | 25 | 56 | 84 | 115 | 145 | 176 | 206 | 237 | 8 | 38 | 69 | 99 |
| 19 | 26 | 57 | 85 | 116 | 146 | 177 | 207 | 238 | 9 | 39 | 70 | 100 |
| 20 | 27 | 58 | 86 | 117 | 147 | 178 | 208 | 239 | 10 | 40 | 71 | 101 |
| 21 | 28 | 59 | 87 | 118 | 148 | 179 | 209 | 240 | 11 | 41 | 72 | 102 |
| 22 | 29 | 60 | 88 | 119 | 149 | 180 | 210 | 241 | 12 | 42 | 73 | 103 |
| 23 | 30 | 61 | 89 | 120 | 150 | 181 | 211 | 242 | 13 | 43 | 74 | 104 |
| 24 | 31 | 62 | 90 | 121 | 151 | 182 | 212 | 243 | 14 | 44 | 75 | 105 |
| 25 | 32 | 63 | 91 | 122 | 152 | 183 | 213 | 244 | 15 | 45 | 76 | 106 |
| 26 | 33 | 64 | 92 | 123 | 153 | 184 | 214 | 245 | 16 | 46 | 77 | 107 |
| 27 | 34 | 65 | 93 | 124 | 154 | 185 | 215 | 246 | 17 | 47 | 78 | 108 |
| 28 | 35 | 66 | 94 | 125 | 155 | 186 | 216 | 247 | 18 | 48 | 79 | 109 |
| 29 | 36 | | 95 | 126 | 156 | 187 | 217 | 248 | 19 | 49 | 80 | 110 |
| 30 | 37 | | 96 | 127 | 157 | 188 | 218 | 249 | 20 | 50 | 81 | 111 |
| 31 | 38 | | 97 | | 158 | | 219 | 250 | | 51 | | 112 |

## 1960・2012年

| | 1月 | 2月 | 3月 | 4月 | 5月 | 6月 | 7月 | 8月 | 9月 | 10月 | 11月 | 12月 |
|---|---|---|---|---|---|---|---|---|---|---|---|---|
| 1 | 113 | 144 | 173 | 203 | 233 | 4 | 34 | 65 | 96 | 126 | 157 | 187 |
| 2 | 114 | 145 | 174 | 204 | 234 | 5 | 35 | 66 | 97 | 127 | 158 | 188 |
| 3 | 115 | 146 | 175 | 205 | 235 | 6 | 36 | 67 | 98 | 128 | 159 | 189 |
| 4 | 116 | 147 | 176 | 206 | 236 | 7 | 37 | 68 | 99 | 129 | 160 | 190 |
| 5 | 117 | 148 | 177 | 207 | 237 | 8 | 38 | 69 | 100 | 130 | 161 | 191 |
| 6 | 118 | 149 | 178 | 208 | 238 | 9 | 39 | 70 | 101 | 131 | 162 | 192 |
| 7 | 119 | 150 | 179 | 209 | 239 | 10 | 40 | 71 | 102 | 132 | 163 | 193 |
| 8 | 120 | 151 | 180 | 210 | 240 | 11 | 41 | 72 | 103 | 133 | 164 | 194 |
| 9 | 121 | 152 | 181 | 211 | 241 | 12 | 42 | 73 | 104 | 134 | 165 | 195 |
| 10 | 122 | 153 | 182 | 212 | 242 | 13 | 43 | 74 | 105 | 135 | 166 | 196 |
| 11 | 123 | 154 | 183 | 213 | 243 | 14 | 44 | 75 | 106 | 136 | 167 | 197 |
| 12 | 124 | 155 | 184 | 214 | 244 | 15 | 45 | 76 | 107 | 137 | 168 | 198 |
| 13 | 125 | 156 | 185 | 215 | 245 | 16 | 46 | 77 | 108 | 138 | 169 | 199 |
| 14 | 126 | 157 | 186 | 216 | 246 | 17 | 47 | 78 | 109 | 139 | 170 | 200 |
| 15 | 127 | 158 | 187 | 217 | 247 | 18 | 48 | 79 | 110 | 140 | 171 | 201 |
| 16 | 128 | 159 | 188 | 218 | 248 | 19 | 49 | 80 | 111 | 141 | 172 | 202 |
| 17 | 129 | 160 | 189 | 219 | 249 | 20 | 50 | 81 | 112 | 142 | 173 | 203 |
| 18 | 130 | 161 | 190 | 220 | 250 | 21 | 51 | 82 | 113 | 143 | 174 | 204 |
| 19 | 131 | 162 | 191 | 221 | 251 | 22 | 52 | 83 | 114 | 144 | 175 | 205 |
| 20 | 132 | 163 | 192 | 222 | 252 | 23 | 53 | 84 | 115 | 145 | 176 | 206 |
| 21 | 133 | 164 | 193 | 223 | 253 | 24 | 54 | 85 | 116 | 146 | 177 | 207 |
| 22 | 134 | 165 | 194 | 224 | 254 | 25 | 55 | 86 | 117 | 147 | 178 | 208 |
| 23 | 135 | 166 | 195 | 225 | 255 | 26 | 56 | 87 | 118 | 148 | 179 | 209 |
| 24 | 136 | 167 | 196 | 226 | 256 | 27 | 57 | 88 | 119 | 149 | 180 | 210 |
| 25 | 137 | 168 | 197 | 227 | 257 | 28 | 58 | 89 | 120 | 150 | 181 | 211 |
| 26 | 138 | 169 | 198 | 228 | 258 | 29 | 59 | 90 | 121 | 151 | 182 | 212 |
| 27 | 139 | 170 | 199 | 229 | 259 | 30 | 60 | 91 | 122 | 152 | 183 | 213 |
| 28 | 140 | 171 | 200 | 230 | 260 | 31 | 61 | 92 | 123 | 153 | 184 | 214 |
| 29 | 141 | 172 | 201 | 231 | 1 | 32 | 62 | 93 | 124 | 154 | 185 | 215 |
| 30 | 142 | | 202 | 232 | 2 | 33 | 63 | 94 | 125 | 155 | 186 | 216 |
| 31 | 143 | | 203 | | 3 | | 64 | 95 | | 156 | | 217 |

## 1961・2013年

| | 1月 | 2月 | 3月 | 4月 | 5月 | 6月 | 7月 | 8月 | 9月 | 10月 | 11月 | 12月 |
|---|---|---|---|---|---|---|---|---|---|---|---|---|
| 1 | 218 | 249 | 17 | 48 | 78 | 109 | 139 | 170 | 201 | 231 | 2 | 32 |
| 2 | 219 | 250 | 18 | 49 | 79 | 110 | 140 | 171 | 202 | 232 | 3 | 33 |
| 3 | 220 | 251 | 19 | 50 | 80 | 111 | 141 | 172 | 203 | 233 | 4 | 34 |
| 4 | 221 | 252 | 20 | 51 | 81 | 112 | 142 | 173 | 204 | 234 | 5 | 35 |
| 5 | 222 | 253 | 21 | 52 | 82 | 113 | 143 | 174 | 205 | 235 | 6 | 36 |
| 6 | 223 | 254 | 22 | 53 | 83 | 114 | 144 | 175 | 206 | 236 | 7 | 37 |
| 7 | 224 | 255 | 23 | 54 | 84 | 115 | 145 | 176 | 207 | 237 | 8 | 38 |
| 8 | 225 | 256 | 24 | 55 | 85 | 116 | 146 | 177 | 208 | 238 | 9 | 39 |
| 9 | 226 | 257 | 25 | 56 | 86 | 117 | 147 | 178 | 209 | 239 | 10 | 40 |
| 10 | 227 | 258 | 26 | 57 | 87 | 118 | 148 | 179 | 210 | 240 | 11 | 41 |
| 11 | 228 | 259 | 27 | 58 | 88 | 119 | 149 | 180 | 211 | 241 | 12 | 42 |
| 12 | 229 | 260 | 28 | 59 | 89 | 120 | 150 | 181 | 212 | 242 | 13 | 43 |
| 13 | 230 | 1 | 29 | 60 | 90 | 121 | 151 | 182 | 213 | 243 | 14 | 44 |
| 14 | 231 | 2 | 30 | 61 | 91 | 122 | 152 | 183 | 214 | 244 | 15 | 45 |
| 15 | 232 | 3 | 31 | 62 | 92 | 123 | 153 | 184 | 215 | 245 | 16 | 46 |
| 16 | 233 | 4 | 32 | 63 | 93 | 124 | 154 | 185 | 216 | 246 | 17 | 47 |
| 17 | 234 | 5 | 33 | 64 | 94 | 125 | 155 | 186 | 217 | 247 | 18 | 48 |
| 18 | 235 | 6 | 34 | 65 | 95 | 126 | 156 | 187 | 218 | 248 | 19 | 49 |
| 19 | 236 | 7 | 35 | 66 | 96 | 127 | 157 | 188 | 219 | 249 | 20 | 50 |
| 20 | 237 | 8 | 36 | 67 | 97 | 128 | 158 | 189 | 220 | 250 | 21 | 51 |
| 21 | 238 | 9 | 37 | 68 | 98 | 129 | 159 | 190 | 221 | 251 | 22 | 52 |
| 22 | 239 | 10 | 38 | 69 | 99 | 130 | 160 | 191 | 222 | 252 | 23 | 53 |
| 23 | 240 | 11 | 39 | 70 | 100 | 131 | 161 | 192 | 223 | 253 | 24 | 54 |
| 24 | 241 | 12 | 40 | 71 | 101 | 132 | 162 | 193 | 224 | 254 | 25 | 55 |
| 25 | 242 | 13 | 41 | 72 | 102 | 133 | 163 | 194 | 225 | 255 | 26 | 56 |
| 26 | 243 | 14 | 42 | 73 | 103 | 134 | 164 | 195 | 226 | 256 | 27 | 57 |
| 27 | 244 | 15 | 43 | 74 | 104 | 135 | 165 | 196 | 227 | 257 | 28 | 58 |
| 28 | 245 | 16 | 44 | 75 | 105 | 136 | 166 | 197 | 228 | 258 | 29 | 59 |
| 29 | 246 | | 45 | 76 | 106 | 137 | 167 | 198 | 229 | 259 | 30 | 60 |
| 30 | 247 | | 46 | 77 | 107 | 138 | 168 | 199 | 230 | 260 | 31 | 61 |
| 31 | 248 | | 47 | | 108 | | 169 | 200 | | 1 | | 62 |

## おわりに　「本当の自分」に戻る旅を始めよう

この本と出合ったあなたは「本当の自分への帰還」のスタートラインに立っています。いよいよ「魂の覚醒の旅」が本格的に始まるのです。

安心してください。宇宙の本質は「愛」でしかありません。宇宙の流れに従うことで、シンクロニシティとミラクルにあふれた感動の毎日が待っています。

私自身「マヤ暦」に誘導され、歳月を重ねるごとに大きく変容を遂げました。そして今でも、「マヤの叡知」の偉大さと奥深さに驚き、ひざを叩き、唸り声を上げる場面が何度もあります。「マヤ暦」と出合ったことで、数多くの「気づき」が訪ねて来る人生となりました。もしもこの、あまりにすばらしい「マヤ暦」をともに学ぶご縁があれば、これほどの喜びはありません。

みなさまの人生が、さらに深遠なる喜びで満たされるよう願いながら……。

越川　宗亮

天職・ソウルメイトを引き寄せる「マヤ暦」の教え

# あなたの「生《う》まれてきた目的《もくてき》」がわかれば、奇跡《きせき》は起《お》きる。


2016年 6月30日　初版発行
2022年 8月 8日　14刷発行

著　者……越川宗亮《こしかわそうすけ》
発行者……塚田太郎
発行所……株式会社大和出版
東京都文京区音羽1-26-11　〒112-0013
電話　営業部03-5978-8121／編集部03-5978-8131
http://www.daiwashuppan.com
印刷所／製本所……日経印刷株式会社
装幀者……斉藤よしのぶ




ISBN978-4-8047-0522-4